의두(화두) 23기행

감생이 두 마리

대적공실·의두요목 해의

* 간지 그림은 한익희(목원대), 삽화는 우세관 교무가 직접 그린
  하늘꽃 시리즈 12점과 선화 3점을 깨달음의 여백으로 넣었다.

감생이 두 마리!

걱정이다.

세상에 또 하나의 혼란을 얹는 게 분명하기 때문이다. 더구나 삶의 근본원리와 세상의 운행 이치라는 성리의 일단을 풀어본 글들이기에 더 그렇다.

분명히 해두자.

이건 나의 탐색 방법이고, 각자가 찾도록 안내하는 것이다. 그리고 궁극은 실천이다. 몸과 마음으로 의미하는 바가 흘러나오지 않는다면_{진리적 삶이 아니라면} 더는 의미 없다. 말로만 되뇌고, 머리로만 키워가며, 근사하게 말과 글로 꽃꽂이만 할 요량이라면 더 이상 나가지 말고 덮으시라.

말만 많고, 겉멋만 난무하여, 껍데기로만 어울리는 시대. 실천적 내면의 울림이 실종된 시대이다. 담긴 뜻을 헤아려 실지로 나투면 성리性理요, 안고만 있으면 여전히 장식이다. 이걸 나투면 부처님이자 성인이요, 모두가 저절로 따를 것이다. 이게 확산되면 부처와 중생의 구분이 없는 극락… 상식이 보편인 사회가 된다.

우연의 은혜다.

초등학교를 마치고, 까만 교복을 입은 중학생이 막 되었을 때다. 학교만 마치면 내 공부방이자 놀이터였던 원불교 여수교당의 법당 뒷방. 그곳의 서재는 내 독서실이었다. 왕성한 독서욕은 묵은내 나는 서적들이라고 예외가 되진 않았다. 내 가치관 형성의 중요한 기연이었다.

그중 무더기로 꽂혀 있던 〈의두 성리의 연마〉. 향산 안이정 종사의 책이다. 어린 때였지만 몇 번을 읽고 읽으며 나이에 맞게 내 삶의 작동 원리가 되었다. 좀 더 크니 효산 손정윤 원로교무의 의두 풀이가 다가왔다. 현실적이고 구체적이었다. 이후로 벽암록과 무문관 등 공안집들은 마치 추리소설 읽듯 재미졌다.

부끄러웠다.

출가 이후, 의두란 논리적 추리가 아니며 그 진리가 온몸에서 자연스레 배어 나오는 부처의 삶 자체임을 알게 되었다. 부끄러워 한참동

안 책을 덮었다. 머리와 입으로는 이미 은하계 너머와 저승까지도 섭렵할 수 있겠으나 마당 앞의 풀 하나 뽑을 힘이 진정 있었던가를 돌아보면 회한뿐이었다.

감생이 두 마리!

정확히 50년을 살다 가신 우리 아버지. 제삿날이 다가오거나 귀한 손님이 오시면 언제나 낚시를 챙겨 뗏마를 타셨다. 그리고 은빛 감생이 감성돔 두 마리를 잡아 오셨다. 바닷가 바위보다는 배를 타고 나가 포인트를 잘 잡아야 잡히는 고기였다. 우리는 부자 낚시 대회에 나가 3시간 반 만에 172마리를 낚아 다수확 왕이 되기도 했던 터라 고기 잡는 데는 이력이 났다.

그런데 왜 아버지는 손님이 오시거나 제삿날이 되면 서둘러 감생이를, 그것도 꼭 2마리만 잡았을까?

도다리나 노래미, 잡어에 견줘 여수 앞바다의 감생이는 최고의 횟감이자 가장 귀한 생선이었다. 상대방 하나, 나 하나… 더 잡으면 '최고'가 아니란다. 제사 때도 꼭 2마리를 잡아 한 마리는 의식이 끝나면 고수레로 올리고 한 마리는 가족들이 먹었다.

감생이 한 마리는 상대방에게 가장 존귀함을 의미했고, 자신과 가족에게 감생이 한 마리도 가장 존귀함을 의미했다. 지금 생각하니 모두가 불성을 가져 당신도 부처, 나도 부처라는 처처불상의 의미였다. 아버지에게 일상은 '대충, 적당히'가 아니라 '낱낱이 최고였고 최선'

이었다. 바닷가 촌부는 성리를 들어본 적도 없었지만 진리적 삶이 몸에 박혀 있었다.

'감생이 두 마리'는 아버지가 내게 전해준 의두의 열쇠였다. 이제 여러분에게 나누어드린다.

이 책… 처음부터 읽을 건 없다.

관심 있는 제목을 열어 그 하나만 보아도 좋다. 이 글은 풀이가 아니라 암호 해독 방법이다. 자신의 방법으로 찾되 완성은 각자의 몸과 마음에 그대로 나오게 하는 것이다. 성리의 궁극은 나툼이기 때문이다.

김화 중부전선 GOP에서

우세관 합장

새해엔(일출)

해맞이 하는 날이 새해인가?
어제 뜬 해와 오늘 뜬 해 다르지 않네.
매일 아침 눈 뜨는 것이 기적이니
우리 낮추어 묵묵하게 더욱 열심히 일하고 수행하세!

목차

대적공실

대적공실

원불교 100주년을 약 30년 앞둔 원기 72년(1987), 원불교 3대 종법사님이셨던 대산 종사님께서 '대적공실'이란 법문을 내리셨습니다. 대적공실은 6개의 화두로 이루어졌는데요. 앞의 세 가지는 불교 1,701개의 화두 가운데 간택한 것이며, 나머지 3개는 원불교의 법맥인 소태산 대종사(성리품 11장), 정산 종사(무본편 33장), 대산 종사(응산 종사 열반법문)의 법문입니다. 이것은 석가모니불에 연원을 대고 진리를 잇는 모습을 나타내신 겁니다. 그리고 이 법문으로 "원기 100년, 원불교 100년대를 준비하라"고 하셨습니다.

여행을 시작하며

수행

지독한 감기의 끝에 목욕탕을 찾았습니다. 탕에서 나와 발가벗은 몸으로 거울 앞에 섰습니다. 겨울을 나며 살이 좀 찐 것 같습니다. 문득 '수행이 잘못되었다'는 생각을 했습니다. 몸 상태뿐만 아니라 모든 건강 역시 개인 수행의 결과물이기 때문입니다.

수행은 '닦는다'는 것입니다. 자신의 몸과 마음 모든 것에 묻어 있는 찌꺼기를 닦아내는 것입니다. 그래서 본래자리로 들어가는 것이지요. 흔히 수행이란 '마음을 닦는다'는 것으로 오인하기 쉽습니다. 하지만 마음을 닦는다는 것 자체가 몸 동작을 비롯해 언어와 모든 생활의 구석구석에서 틀에 잡힌 인격으로 나타납니다. 그렇기에 심신의 상태와 밖으로 드러나는 모든 행동 양태가 결국은 수행의 결과물이지요.

그래서 수행은 수양, 연구, 취사 삼방면의 끊임없는 단련을 통해 얻어지는 힘이라고 볼 수 있습니다. 완성된 자신을 위한 힘찬 여리박빙如履薄氷을 다시 한번 되새겨야겠습니다.

여행

그 와중에 한울안신문에서 대적공실 의두疑頭 6개와 의두요목 20개를 풀어 모든 도반들이 함께 공부할 수 있는 기회를 갖자는 요청이 들어왔습니다. 두 가지 중 겹치는 3개를 감안하면 모두 23개의 의두입니다.

절필하고 휴전선에서 묵묵히 적공과 교화에 임하는 것을 덕으로 삼았으나 도반들의 공부에 미력하나마 도움이 된다면 원칙 하나쯤은 수정해도 괜찮으리란 생각을 했습니다. 특히 이젠 암호화되어 원문의 뜻 자체를 고민한다는 언어의 사회적 변화를 감안한다면 말입니다.

그래서 기회가 주어진 지금 23개 의두 기행을 시작하려 합니다. 23개의 나라를 여행한다는 심정으로 가벼운 터치를 할 생각입니다. 궁극의 자리에 들면 모두가 한 뜻인데 굳이 23개국 여행이라 한 뜻은 여행을 마치는 마지막 부분에 밝힐 생각입니다.

의두

수행의 방법 가운데 '의두疑頭'는 연구를 통해 지혜를 얻는 한 방법입니다.

의두를 직역하면 '의심 머리'라는 것인데, 진리를 깨치기 위해 갖는 큰 의심을 말합니다. 소태산 여래가 사용하신 독특한 용어입니다.

"대소유무의 이치와 시비이해의 일이며 과거 불조의 화두 중에서 의심나는 제목을 연구하여 감정을 얻게 하는 것이니, 이는 연구의 깊은 경지를 밟는 공부인에게 사리간 명확한 분석을 얻도록 함"이라고 했습니다.

여기에서 우리가 유의할 것은 ▶ 대소유무의 이치 ▶ 시비이해의 일 ▶ 과거 불조의 화두라고 세 부분으로 나눈 점입니다. 마지막에 말씀하신 과거 불조의 공안 1,701개의 화두만을 의미하는 것이 아닙니다. 사리간 생활 속의 모든 것을 의심의 머리로 삼아 자꾸 두드리고 연마하여 혜두를 단련하자는 것입니다. 궁극엔 우주의 중심인 자신의 참마음 원리, 즉 성리性理와 자연스레 연결이 됩니다. 두드려야 열리는데 두드림 뒤에 깊이 들어가자는 것이지요.

물론 모든 것을 텅 비우는 묵조선도 있습니다만 우리나라의 불교 경향은 대체로 화두를 드는 간화선입니다. 하지만 원불교의 의두는 화두뿐만 아니라 대소유무의 이치나 시비이해의 일 속에서 의심되는 것은 모두 의두가 될 수 있습니다. 즉, 1,701개의 공안도 의두요, 공부를 하는 가운데 의심이 걸리는 것도 의두요, 일하는 가운데 잘 안 되는 것도 의두 삼을 수 있습니다.

그런데 이제 원불교 100년대를 준비하기 위해 대산종사님께서 제시한 6개의 대적공실 의두와 대종사님께서 간택하신 20개의 의두를 가지고 여행을 떠나봅시다. 바닷물을 다 마셔야 짠 것을 알 수 있는 것은 아니니 성현들께서 지정하신 23개 포인트를 가보자는 것입니다.

시방일가 사생일신

세존이

도솔천을 떠나지 아니하시고

이미 왕궁가에 내리시며,

모태 중에서 중생제도하기를 마쳤다 하니

그것이 무슨 뜻인가?

대적공실 첫째 의두이자 의두요목 1항입니다.

부처와 중생

사람은 태어나면서부터 분별分別하기 시작합니다. 차가운 것 뜨거운 것, 까만 것 파란 것 붉은 것 흰 것, 거친 것 부드러운 것, 좋은 것 나쁜 것···. 삶을 살아가기 위해서 분별은 분명히 필요한 것입니다. 하지만 그 분별이 경계 속에서 착심을 만나면서 시비이해에 휩싸이게 되지요.

그래서 사람은 자라면서 점차 착심着心이 많아지게 됩니다.

착심은 들러붙는 마음을 말하지요. 좋아해서 끌리는 것을 말합니다. 사람에게 끌리기도 하고, 물건에 붙기도 하고, 취미에 붙기도 하고, 좋아하는 일에 끌리기도 하지요. 착심 또한 삶을 살아가기 위해 분명히 필요한 것입니다. 정당한 일에 몰두하고 몰입하는 것은 필요하지만, 소유하는 것이 많아지고 기대하는 것이 많아질수록 착심은 본래 마음에서 멀어지게 하고 사람을 망가뜨립니다.

우리 같은 중생의 마음은 본래 부처님의 마음과 같다고 하셨습니다. 그런데 부처님이 아니라 중생이라고 부르는 것은 이 마음이 '본래 마음'이 아니기 때문입니다.

그 차이 두 가지

이 마음을 본래 마음이 아니게 만드는 것이 두 가지 있습니다. 하나는 분별이고, 또 하나는 착심입니다.

"정신이라 함은 마음이 두렷하고 고요하여 분별성과 주착심이 없는 경지를 이름이요, 수양이라 함은 안으로 분별성과 주착심을 없이하며 … 고요한 정신을 양성함을 이름이니라."〈정전〉 정신수양의 요지 하셨지요?

또 마음의 분화에 대하여 정산종사님께서 쉽게 풀어놓으셨습니다.

"성품은 본연의 체요, 성품에서 정신이 나타나나니, 정신은 성품과

18

대동하나 영령한 감이 있는 것이며, 정신에서 분별이 나타날 때가 마음이요, 마음에서 뜻이 나타나나니, 뜻은 곧 마음이 동하여 가는 곳이니라."〈정산종사법어〉원리편 12장

여래가 되자!

착한 일을 많이 하면 천국에 간다고 하지요. 이처럼 불교에서도 한 생을 살아가면서 지극한 선업을 지으면 도솔천에 태어난다고 합니다. 도솔천은 부처님이 계시는 세상을 말하는데 이웃종교에서 말하는 천국과 같은 의미입니다.

중생의 분별심으로 보면 하늘의 도솔천과 세속의 왕궁가가 따로 있지만, 본래 마음에 바탕해 한결같으신 여래의 안목으로 볼 때는 차별이 없기 때문에 시방일가十方一家: 모두가 한 집안여서 도솔천과 왕궁가를 따로 보지 않습니다. 중생은 분별심에 의해 착심으로 오고 가기 때문에 거래去來가 있지만, 부처님은 분별없는 자성에 바탕해 오고 가기 때문에 거래라 하지 않고 여래如來: 한결같이 오심라 합니다.

'도솔천을 떠나지 않고 왕궁가에 내리셨다'는 말은 분별성과 주착심에 끌려 거래하는 중생심을 벗어나, 차별 없이 한결같이 오고 가는 여래라 불리는 부처의 참 모습을 말하는 것입니다.

그러면 "차별 없는 본래 마음을 지키자"고 쉽게 말하면 될 텐데, 왜 말을 이렇게 꼬아서 제시했을까요? 쉽게 말하면 금방 잊어버리지요? 이처럼 말이 안 되는 역설적인 의두로 제시해야 그만큼 깊이깊

이 숙고해서 마음속에 새겨 어느 때든지 잊지 말라는 의미입니다.

어머니 뱃속

모태母胎는 아직 태어나기 전 어머니의 태중에 있다는 말인데 이 때는 분별과 착심이 없습니다. 분별과 착심은 사람이 태어나면서부터 생기죠. 분별과 착심이 없는, 최초의 한 생각을 하기 이전의 상태입니다. 이것을 '본래자리', 즉 '일원의 체성에 합일해 있는 자리'라고 합니다. 또 이것을 대령大靈: 하나의 큰 영에 합한 자리라 합니다. 대령은 청정주에 나오는 태화太和와 같은 말인데, 일원상 진리가 우주에 가득 차 있는 상태를 말합니다. 생명이 태어나면 그것을 개령個靈: 개별적인 영혼이라고 하지요. 하지만 개령으로 태어나서도 본래 마음에 귀의해 있으면 대령과 하나입니다.

일원의 체성에 합일해 있는 자리는 분별과 착심이 끊어진 자리라고 했습니다. 대령에 합한 자리이고, 이것이 본래자리=본성이니 나와 남, 미혹과 깨달음 등의 구분마저도 없습니다. 그렇기 때문에 부처와 중생의 차별이 없습니다. 부처와 중생이 따로 없으니 제도할 사람은 누구고, 제도 받을 사람은 누굴까요? 그래서 모든 생명이 나와 한 몸, 즉 사생일신四生一身이라는 것입니다.

성태 장양

'모태 중에서 중생 제도하기를 마쳤다'는 말은 결국 누구에게나 본래자리가 있고, 그 본래자리에 귀의하기만 하면 되는 것이니, 제도하고 말 일이 없다는 말입니다.

다시 말해 '모태 중에서 중생 제도하기를 마쳤다'는 말은 너와 나, 부처님이나 중생이 따로 있는 것이 아니니까 본래의 마음자리를 찾아가라는 말입니다.

본래의 마음은 무엇입니까? 분별성과 주착심을 없게 하는 것이지요. 번뇌를 제거해 언제나 대령에 합하는 것을 말합니다. 그것이 모태, 즉 적멸보궁이니 언제나 본래자리를 여의지 말고 성태聖胎: 성인의 태, 부처의 씨앗를 장양하라는 것입니다.

몰라도 괜찮아요!

정리해봅시다.

사람은 태어나면서부터 분별하고 착심이 생긴다고 했는데, 그 분별과 착심이 생기기 이전의 자리가 본래자리, 본래 마음입니다. 또 그곳이 도솔천이자 어머니의 태중입니다. 일원의 체성에 합한 자리이고, 일원상의 진리가 우주에 가득한 상태인 태화의 자리이고, 대령 자리입니다. 이 본래자리를 깨닫고 귀의한 사람은 특별한 무엇을 소유함이 없기 때문에 시방일가, 즉 온 우주가 다 내 집 안이요, 특별한 분별이 없기 때문에 사생일신, 즉 전 생령이 나와 한 몸입니다.

이런 사람은 ① 도솔천과 왕궁가가 따로 없어서 한결같이 오가는 가운데 어느 한곳에 주착하지 않으니 결국 천하를 소유하게 되는 셈입니다. 이것이 우주의 본가를 찾는 시방일가의 소식입니다. 오고 가는데 한결같은 여래가 되어 내 집을 벗어나 천하를 소유하십시오.

또 ② 모태라는 본래자리에서는 부처와 중생이 따로 있는 것이 아니라고 했습니다. 분별과 주착이라는 번뇌를 제거한 '본래 마음'을 찾는다면 자타의 국한이 없으니 내가 부처가 되고 모든 중생을 건지는 것이 됩니다. 이것이 '참 나'를 찾아 영생을 얻는 성불이요, 사생일신의 소식입니다. 항상 번뇌를 제거해 본래 마음에 귀의하여 성태를 장양해 성불을 이루십시오.

이 소식을 알겠습니까? 몰라도 괜찮습니다. 하나씩 풀어가는 의두는 모두 그 답이 같습니다. 계속 듣다 보면 어느 날 문득 깨치게 되니 걱정하지 말고 다만 공부심으로 다음 항을 봅시다.

걸음걸음이 모두 법문
步經花

보경화(步經花)

걸음걸음이 모두 법문으로 화하게끔
우리 그렇게 걸어가자!

일체 법, 궁극엔 뗏목과 같은 것

세존이 열반에 드실 때에

내가 녹야원(鹿野苑)으로부터

발제하(跋提河)에 이르기까지

이 중간에 일찍이 한 법도 설한 바가 없노라

하셨다 하니 그것이 무슨 뜻인가?

대적공실 두 번째 의두이자 의두요목 4항입니다.

암호 해석

녹야원鹿野苑은 서가모니 부처님께서 35세 대각 후에 최초로 설법을 하신 곳인데 인도 말로 '사르나트'라는 곳입니다. 사슴鹿: 사슴 록이 뛰어 노는 넓은野: 들 야 정원苑: 동산 원이란 뜻입니다. 대종사님은 26세에 대각하시고 당신의 고향인 영산에서 9인 제자들에게 최초법어를 설하셨지요? 그래서 녹야원은 원불교의 영산과 같은 곳입니다.

발제하跋提河는 부처님께서 열반하신 곳입니다. 인도의 '쿠시나가라'를 부처님의 열반지로 널리 알고 있는데 이 쿠시나가라에 있는 강 이름을 중국식으로 번역한 것이 강 하河자를 붙여서 발제하입니다. 부처님께서는 45년간 법을 전하시다가 80세에 발제하의 서쪽에서 열반하셨습니다.

다시 말해 이 의두는, 부처님께서 열반하시기 직전 제자들에게 "내가 대각을 이룬 뒤부터 임종하게 된 지금까지 45년간 한 법도 설한 바가 없노라" 하고 말씀하셨는데, "이것이 무슨 뜻일까?" 하는 말입니다.

어라? 무슨 말?

법문 하나도 말씀하신 바가 없다니 무슨 일일까요?

합천 해인사에 가면 국보 32호 팔만대장경이라는 게 있어 서가모니 부처님께서 8만 4천 법문을 하셨다는 증거가 떡 하고 버티고 있는데….

부처님 법문은 후래 제자들이 암송하고 있다가 인도말산스크리트어, 팔리어로 정리를 합니다. 그것에다가 공동생활을 하는 승려들의 계율과 법문에 대한 부연까지 더해진 것이 지금의 불경입니다.

중국에서는 달마대사와의 대화로 유명한 양나라 무제가 불심이 깊어 인도로부터 무차별적으로 수입되는 경전을 정리하게 하는데요,

이것이 대장경입니다. 그 후에 인쇄술이 발달하면서 대장경이 판각되는데 우리나라 말고도 많은 언어본이 있지요.

이처럼 증거가 명확한데 한 법도 설하지 않으셨다 하네요. 증거를 더 수집해봅시다.

불교의 기본 교리

석가모니 부처님께서는 29세에 출가하셔서 6년간 구도하신 끝에 35세에 대각을 이루셨습니다. 그리고 함께 수행했던 5명의 고행자들에게 최초법어를 설하시지요. 이 최초법어가 고집멸도 4제 혹은 4성제 법문입니다. 우리의 일원상 진리와 같은 불교 교리의 핵심입니다.

4성제四聖諦는 '네 가지 성스러운 진리'라는 말인데, 인생이 고통인 원인과 그 고통을 벗어나는 해탈의 방법을 네 단계로 설명하신 것입니다.

먼저 '고苦'제 인데요, 태어나서 존재하는 것 자체가 모두 고통이라는 말입니다. 두 번째는 '집集'제 인데요, 바로 고통의 원인은 집착이라는 것입니다. 세 번째는 '멸滅'제 인데요, 고통을 소멸하는 것이 열반이라는 것입니다. 이때 열반은 해탈한다는 뜻이지요. 네 번째는 '도道'제 인데요, 그 열반에 이르려면 도가 있어야 한다는 것입니다.

이 도는 8가지인데요, 올바른 견해正見, 올바른 사유正思惟, 올바른 말正語, 올바른 행위正業, 올바른 생활正命, 올바른 노력正精進, 올바른 주의正念, 올바른 선정正定이라 해서 팔정도八正道라고 합니다.

이 여덟 가지를 요약하면 도덕성계율=계, 집중삼매=정, 지혜혜의 세 가지입니다. 나중에 계정혜戒定慧라는 삼학이 되는 것이지요.

그래서 4성제는 일원상 진리에 해당하는 것이고, 팔정도는 삼학팔조라는 수행법에 해당된다고 보면 됩니다.

팔만 법문의 증거

저희는 지금 부처님의 '거짓말'을 추적중입니다.

부처님께서는 대각하신 후, 최초법어이자 불교의 기본교리인 4제라는 진리와 8정도라는 수행의 법문을 21일간 설하셨는데 그것을 '화엄경'이라 합니다.

이후에 대중들이 알아듣기 쉽게 이 4제 8정도 법문의 수준을 좀 낮추어서 대각하신 35세부터 47세까지 12년간 설하셨는데 그 편편 법문들을 모아놓은 것이 바로 '아함경'입니다.

그런데 부처님께서는 법문을 설파하고 다니시던 중에 인도의 사회를 보게 됩니다. 인도에는 우리나라가 예전에 양반과 상놈이 있었던 것처럼 4개의 계급이 있는 사회였습니다. 똑같이 예쁜 아기로 태어나서 누구 자식이 되었느냐에 따라 이유 없이 천대받기도 하고, 누구는 일하지 않아도 대우받기도 했지요. 그래서 부처님께서는 모든 인간은 평등하다고 설법을 하시기 시작합니다. 그리고 태생에 의해서 차별하면 반드시 내생에 인과를 받게 된다는 인과의 법문을 하시게 됩니다. 이 평등과 인과에 대한 법문을 모아놓은 것이 바로 평등의 등等자를 사용해 '방등경方等經'이라 합니다. 8년간 하셨으니 47세부터 55세까지 설법하신 것이지요.

그리고 인생의 지혜가 최절정에 이른 55세의 완숙한 때부터 76세까지 21년간 불교의 핵심이라 할 수 있는 반야법문을 하십니다. 반야심경과 금강경도 이때 나왔습니다. 바로 불교의 핵심인 텅 빈 공空 사상이 이때 나온 것입니다. 이 완숙기의 21년간 기록이 바로 '반야경'입니다. 반야라는 말은 '지혜'를 뜻하지요.

부처님께서는 80세에 열반하셨는데 남은 4년간을 대열반의 길에 대해 설법하십니다. 다시 말해 누구나 이 반야로 참마음 자리를 깨닫게 되면 부처가 될 수 있다는 가르침을 설파하십니다. 이 설법이 바로 열반부 경전인데 법화경이나 열반경이 모두 여기에 속합니다.

이처럼 45년간 화엄, 아함, 방등, 반야, 열반의 법문을 팔만 사천 가지의 형태로 하셨는데 돌아가시기 직전에 왜 '한 법도 설한 바가 없다'고 하셨을까요?

뗏목과 같은 것(如筏喻者)

금강경에 6장에 이런 말이 있습니다. 여벌유자如筏喻者! '뗏목과 같은 것'이란 말입니다.

앞에 강이 있어요. 강을 건너려면 어떻게 합니까? 배를 타야지요. 뗏목을 타야 합니다.

강을 다 건너면 어떻게 합니까? 배나 뗏목에서 내려야지요. 내리지 않으면 강 건너에 있는 친구를 만날 수 있어요? 강 건너에 있는 식당에서 맛있는 음식을 먹을 수 있나요? 강을 다 건넜어도 배나 뗏목에 있으면 평생 물 위에 떠서 강 건너에는 갈 수 없는 것이시요?

배는 나를 저 강의 언덕, 즉 피안으로 데려다주는 역할을 하는 수단일 뿐입니다. 참 열반과 해탈의 길에 들려면 성자들께서 주신 법으로 나를 훈련시켜야지요. 그러나 마지막 순간에는 이 법마저 버려야 합니다. 법을 통해 완숙된 부처의 행을 하는 사람이 되어야지 근사한 말과 글로만 법을 되뇌고 있어서는 안 된다는 말씀입니다.

팔만 사천 경문은 나를 해탈로 안내하는 뗏목입니다. 이 법으로 내가 쪄져서 순숙이 되면 그때는 뗏목을 떠나 저 강가에 발을 내딛듯이 법이라고 이름하는 이것마저도 놓아야 한다는 말씀입니다. 법박을 경계하고 실천을 강조하신 겁니다.

추신

법을 버리랬다고 바로 자행자지 하면 안 되는 거 아시지요? 이 법으로 숙달이 된 다음이 그때입니다. 바로 버리면 강도 안 건너고 배를 버리는 것과 같습니다.

진리는 창조가 아니랍니다

고불미생전 응연일상원 석가유미회 가섭기능전

古佛未生前 凝然一相圓 釋迦猶未會 迦葉豈能傳

옛 부처님 나기 전에도 응연하게 한 상은 둥글었네.

석가모니 부처님도 알지 못하는 걸 어찌 가섭이 전할까?

대적공실 세 번째 의두이자 의두요목 8항입니다.

고불

고불古佛은 '옛 부처님'이란 뜻입니다. 불가에서는 과거 7불이라 해
서 석가모니 부처님 이전에도 계셨던 부처님을 말합니다. 오랜 세월
을 두고 본다면, 알려지지가 않아서 그렇지 진리를 깨달았던 부처님
이 많이 계셨을 거라는 추측하에 만들어진 설화입니다. 어쨌든 고불

은 불교에서 옛 부처님으로 과거 7불을 말하지만 우리는 '진리를 깨치셨던 모든 성현들'이라고 보면 되겠습니다.

고불미생전 응연일상원…. 옛 부처님 나기 전에도 응연하게 한 상은 둥글었다고 하네요. 맞는지 한번 봅시다.

창조냐 깨침이냐

우리가 미국의 오바마 대통령을 한 번도 만나본 적이 없지만, 이 사람은 원래 없는 가공의 인물인가요 아니면 실제로 있는 사람인가요? TV나 신문을 통해서 우리는 그 사람이 실제로 있는 사람이란 걸 알지요. 아는 순간 그 사람이 '짠' 하고 나타나는 것이 아니라 내가 알기 전에도 오바마 대통령은 미국 어디엔가 있었지요?

마찬가지입니다. 진리도 부처님과 많은 종교를 만드신 성자들이 깨치시기 전에, 그 분들이 나기 이전에 영원히 있어왔던 것입니다.

진리는 대종사님이나 부처님^{성현}께서 창조한 것이 아닙니다. 진리는 성현들이 깨닫기 이전에도, 이후에도 본래부터 있었습니다. 석가모니 부처님 이전에도 있었고, 과거 7불 이전에도 이미 있었습니다. 확실하고 뚜렷하게 있었습니다.

다만, 성현들과 부처님들은 진리를 깨달아 그때에 맞는 법을 펴신 것입니다.

무식한 석가와 가섭?

석가모니 부처님도 알지 못하는데 가섭이 어찌 전할까? 참 이상하지요?

절집, 특히 선가禪家에서는 말이나 글로 하는 표현이 깨달음으로 가는 길을 막는다고 생각하기 때문에 그 표현이 항상 역설적이고 때론 엉뚱하게 허를 찌릅니다. '돌 처녀가 아이를 낳는다'처럼 말이 안 되는 소리를 해서 일반적인 생각을 벗어나게 하려는 겁니다. 말이나 글이 아니라 증득하게 하려는 것입니다.

때문에 '석가모니 부처님도 모른다'는 말은 말이나 글을 벗어나라는 선가의 역설적인 표현입니다. 다시 말해 석가모니 부처님도 모른다는 역설적인 표현으로 이 '한 물건진리, 성품'에 대해 극찬을 하신 것입니다.

진리를 깨치신 석가모니 부처님은 알고 모르고 하는 존재가 이미 아닙니다. '안다, 모른다' 하는 것은 사람들이 이해하기 위해 구분을 할 때 쓰는 것입니다. 석가모니 부처님이 깨달은 뒤에는 '맞다, 틀리다'처럼 시비가 있는 '사람'이 아닙니다. 진리와 하나가 되어 몸만 사람이지 진리 그 당처이기 때문에 무엇을 '안다, 모른다' 하는 존재가 아니란 겁니다.

가섭도 마찬가지지요. 다시 말해 석가와 가섭이라는 것도 보이는 세계에서 사람이 지은 이름에 불과합니다. 그래서 노자 〈도덕경〉 맨 앞에 보면 '도가도면 비상도道可道非常道요, 명가명이면 비상명名可名非常名이라'고 나오지요. 도를 도라 이르면 도가 아니요, 이름을 이름이라 하면 진정한 이름이 아니라는 말입니다.

하나 되는 소식

이제 그걸 실천하기 위한 방법입니다.

똑같은 '나'인데 상가에는 검은 옷을 입은 내가 갑니다. 명절에는 한복을 곱게 입은 내가 되고, 운동을 할 때는 트레이닝복을 입은 내가 되지요.

진리도 하나인데 깨친 분성현이 시대와 그 지역의 환경에 맞추어 펼치십니다. 그게 종교이지요. 진리가 하나라는 사실을 모르는 사람은 '내 법이 가장 옳다'며 상대방을 인정하지 않으려 하지만 '고불미생전 응연일상원'의 소식을 아는 사람은 이웃 종교를 인정하고 그보다 더 깊은 경지 속에서 여유 있는 넉넉한, 깊이를 측량할 수 없는 사람이 되지요. 따라서 진리는 하나라는 사실을 알아서 종교간 화해와 회통을 해야 합니다.

또 하나, 우리는 형형색색으로 나뉜진 복잡한 현상 속에서 살아야만 하는 것이 현실입니다. 진리와 하나 되는 시간을 가져 언제나 진리를 떠나지 않는 삶을 영위해야 합니다. 심고心告와 기도 바로 그것입니다. 입정과 좌선이 또 그것이지요. 이렇게 계속 해가다 보면 무시선無時禪 무처선無處禪이 되어 진리와 하나 되는 삶을 살게 되는 것입니다.

신념이란 집착 벗어나야

부모가 자식에게 그러지요. "내가 너보다 많이 살아서 인생을 더 알아. 그러니 내 말대로 하자."

남편이 부인에게 말하지요. "당신이 회사 일을 어떻게 알아. 당신이 정치를 나보다 더 알아?"

경험이나 혹은 조금 더 안다는 이유로 상대를 누릅니다. 경험적 신념, 일종의 수자상壽者相입니다. 근본주의가 다른 게 아닙니다. 바로 이것이 근본주의로 가는 것이기 때문에 경험적 우월을 우리 생활에서 하나씩 제거해갑시다.

경전의 일자일획도 바꿀 수 없고, 내가 믿는 신 이외에는 타협할 수 없다는 근본 신념이 바로 근본주의입니다. 이 근본주의 때문에 싸움과 전쟁이 일어납니다. 지구상 대부분의 전쟁도 사실은 종교전쟁입니다. 내가 가진 법이 가장 옳은 것이란 신념 때문입니다. 참 슬픈 일입니다.

우리를 구원하고, 행복하고, 평화롭게 하려는 것이 바로 성현들의 뜻이었는데 결국 중생의 시각으로 법에 국집하다 보니 이와 같은 일이 생겼습니다. 성현들은 진리를 똑같이 깨치셨지만 '그 시대와 환경에 맞게' 법을 펴셨습니다. 우리는 그것을 알아야 합니다. 그래서 근본주의에서 벗어나야 합니다.

해방 뒤에 좌익과 우익으로 갈려 많은 사람이 죽었습니다. 모든 사람이 평등하게 살아야 한다는 공산주의 사상을 가진 좌익과 반공을 필두로 민주주의를 주장하던 우익…, 그분들이 신념을 조금만 늦추

었더라도 접합점을 찾을 수 있었을 텐데, 결국 물러설 수 없는 강한 주장이 신념이 되어 이 같은 일이 발생했지요.

근본주의는 갑자기 생기는 거창한 것이 아닙니다. 강한 신념과 사상이 결국 근본주의가 됩니다. 그렇다고 삶에서 자기 신념을 갖지 말라는 뜻이 아닌 거 잘 아시지요?

해 따러가자 대중사님은 옥녀봉에
올라 가셨대 나는 그늘드리워
이 안으로 딸거야 虛空花

허공화(虛空花)

진리를 얻어 진리를 닮아가겠다는 다짐.
날리는 연에 그 소망을 담아보자!

1급 비밀의 누설

변산구곡로 석립청수성 무무역무무 비비역비비

(邊山九曲路 石立聽水聲 無無亦無無 非非亦非非)

변산의 굽이치는 계곡에서 돌이 서서 물소리를 듣네.

없고 없고 또한 없음마저도 없으며,

아니요 아니요 또한 아님마저도 아니라 하네.

〈대종경〉 성리품 11장에 나오는 대종사님의 법문이자 대적공실 네 번째 의두입니다.

대종사, 변산 가신 까닭

1916년 영산에서 대각을 이루신 대종사님은 제자들과 함께 땀 흘려 바다를 막아 논을 만드십니다. 영산 방언공사가 마무리 지어질 즈음인 1919년 3·1 운동이 일어났는데 그해 2번이나 경찰서에 소환되어 조사를 받으십니다. 봄에는 어수선한 시국에 사람들을 모아 바다를 막아 농지를 만들자 민족 지도자로 여겨진 이유이고, 가을에는 김제 모악산 금산사에 머물자 '산 부처님이 오셨다'고 사람들이 몰려온 이른바 '생불 출현 사건' 때문이었습니다.

그 뒤 대종사님은 새 회상의 창립을 위해서는 교법을 만들고, 인연도 결속하는 등 여러 가지 준비 작업이 필요하다는 생각에 영광을 떠나 변산으로 들어가십니다.

돌머리 대사

부안 변산의 월명암 주지 백학명 스님과의 인연으로 이곳에 칩거하시며 실상사 위에 조그마한 초당을 짓는데 이곳이 우리가 부르는 '봉래정사'입니다. 대종사님은 이곳의 이름을 석두암石頭庵이라 짓고, 자신을 석두거사石頭居士라 칭하지요. '석두'는 말 그대로 '돌머리' 속칭 '돌대가리'란 뜻입니다. 이 법문은 변산 칩거 5년의 기간에 나옵니다.

대종사님께서 자신을 돌대가리석두거사로 속칭하시고, 기거처도 돌머리가 사는 집석두암이라 하신 것은 왜일까요? 어리석음을 표하려고 한 게 아니라 돌처럼 세상사에 관심을 끊고 무심하게 은둔하고 계심을 표현한 것이 아닌가 생각합니다. 다시 말해 문학적으로 보면 이 시에 나오는 돌石은 대종사님 당신으로 비유할 수 있고, 자연과 하나 됨을 의미하지요. 또 석두암은 언어도단의 입정처를 뜻합니다.

그러면 어때요? "내가 변산에서 굽이치는 물줄기 소리를 가만히 듣고 있노라니 이들이 천기를 누설하는구나"라고 옮겨볼 수 있습니다.

불가에서는 돌石을 역설이나 말로서 강연히 표현할 수 없는 자리에 대한 상징적인 단어로 사용해왔습니다. '석녀石女, 즉 돌처녀가 옆구리로 애를 낳는다'처럼 처녀가 애 낳는 것도 말이 안 되는데 그것도 돌이, 또 그것도 옆구리로 … 이렇게 말도 안 되는 표현을 하는 것은 결국 언어도단, 즉 말과 글이 끊어진 자리를 말하기 위함이었습니다.

천기누설

낙엽이 떨어집니다. 새싹이 나와 온갖 풍상을 겪어 마른 다음 떨어져 내년을 기약합니다. 그 낙엽 한 장은 온 천하의 가을소식을 담고 있지요? 낙엽 하나 떨어짐에 도를 깨달았답니다. 그럴 만하지요? 낙엽 하나가 천기를 누설한 셈이니까요.

구름이 달을 가립니다. 그래도 달이 없어진 건 아니지요? 다시 구름이 달을 벗어납니다. 달은 여여히 청청 밝기만 합니다. 구름이 가리면 마치 밝은 달이 없어진 것처럼 생각되어지지요. 저희들은 종종 이것을 마음에 비유합니다. 우리의 본성은 항상 저 달처럼 그 자리에 있는데 시비가 밝은 마음을 가리면 마치 달이 꺼진 듯 그 경계 속에 우왕좌왕합니다. 어때요? 달과 구름이 천기를 누설하고 있지요?

이렇듯 변산의 물줄기가 굽이칩니다. 큰 돌이 있으니 꺾여 흐르고, 작은 돌이 있으니 작게 휘감습니다. 쏟아지니 큰 소리요, 여울져 휘도니 고운 소리입니다. 인생이란 이런 인과 구조를 가지고, 끊임없이 흘러갑니다. 이것이 우주와 인생의 원리입니다. 변산 구곡로가 천기를 누설하고 있지요?

돌처럼 가만히 서서 이를 보니 1급 비밀이 막 새어 나오더랍니다.

그 1급 비밀을 연이어 설하십니다.

초월하라!

그러면 그 천지가 뿜어내는 비기를 한번 알아봅시다.

무무역무무無無亦無無는 '없단다, 없단다, 없는 것 그것마저도 없단다'
는 뜻입니다.

없을 무無는 있을 유有에 상대되는 말이지요. 우리가 항상 눈에 보
이는 것, 있는 것, 즉 유에만 집착하니까 '없단다 없단다' 하신 것입
니다. 있는 것이 다가 아니라는 말입니다. 그것이 앞의 '무무'입니다.
그런데 뒤에 '없는 것 그것도 없단다' 하셨습니다. 유도 아니고 무 그
것도 아니라는 말인데 결국 유무초월을 말하는 거지요.

비비역비비非非亦非非도 마찬가지입니다. 아닐 비非는 옳을 시是에 상
대되는 상징어입니다. 우리가 뭣 좀 알다보니까 주견이 생겨서 '야!
이게 맞아' 하며 뭐든지 당장 옳다고만 합니다. 그래서 시비가 생
기지요. 그래서 '아니란다 아니란다' 하신 것입니다. 그런데 그 아니
라고 하는 그것도 결국 아니다고 하셨습니다. 시비마저 벗어난 자리
를 뜻합니다. 시비초월의 자리를 말하고 있습니다.

한마디로 '무무역무무 비비역비비'는 '유무초월, 시비초월의 생사
문' 자리를 말합니다.

무(無)와 비(非)를 나눈 뜻

그런데 무든 비든 하나만 해도 유무초월을 말할 수 있는데 왜 굳이 무와 비 두 가지를 다 가지고 왔을까요?

'유무'는 뭡니까? 있는 것에서 없는 것으로, 없는 것에서 있는 것으로, 즉 '변화'를 말하는데, 대소小大를 덧붙여 '우주만물의 순환무궁한 이치'를 강조한 대소유무를 말합니다. '대소유무의 이치' 한마디로 성리性理에서 보면 '리理'자리를 말합니다.

'시비'는 뭐지요? 이해利害를 덧붙여 '옳고 그르고 이롭고 해롭다', 즉 시비이해는 '인간의 일'입니다. 따라서 '비비역비비'는 인간의 시비이해 그걸 벗어난 '청정한 인간의 본래 성품'을 더 강조해 드러내고 있습니다. 한마디로 성리性理에서 보면 '성性'자리입니다.

자! 이처럼 무와 비를 나눈 뜻은 같은 '유무초월의 생사문'을 뜻하지만 '우주의 순환 원리'를 강조하기 위해 '무無'를 썼고, '인간의 본성'을 강조하기 위해 '비非'를 썼습니다. 진리는 우주와 인생의 원리이듯 말입니다.

따라서 의리적으로 본다면 "가만히 변산의 굽이치는 물소리를 듣고 있노라니 유무초월이요, 시비마저 벗어났구나" 하며 성리 소식, 즉 우주와 인생에 대한 깨침을 직설적으로 표하고 있습니다. 다시 말해 "언어도단의 입정처요 유무초월의 생사문이구나" 하신 겁니다.

무엇과 하나 되는가?

결국, 자신에게는 $_內$ 존재와 논리를 초월하여 "없소$_無$, 아니요$_非$" 했을 때 진리와 교통할 수 있는 것이며, 밖으론$_外$ "모두가 부처이니 일마다 불공"해야 진리와 하나 될 수 있습니다. 다시 말해 안으로는 항상 근원자리에 들어가고, 밖으로는 '처처불상 사사불공$_處處佛像 事事佛供$'하자는 말입니다. 이 화두는 이 같은 의미를 진하게 내뿜으며 우리에게 "어서 부처되자!"고 일갈하고 있습니다.

부처님은 영산회상에서 법설을 하시다가 강연히 꽃을 드시어 빙긋이 미소를 지은 가섭에게 "너는 꽃을 든 이유를 알았으니 정법안장을 준다"고 하셨듯, 대종사님 역시 변산의 물 흐르는 것을 보시다가 이 의두를 던지시며 '이 뜻을 알면 도를 깨친 사람'이라고 하셨습니다.

묵연히 돌이 되어 내외를 잘 보고 계시나요? 아니면 밤에도 낮에도 스마트폰과 하나 되어 모래알 속에서 천기를 찾고 계시나요?

수도인의 네 가지

有爲爲無爲 無相相固全 忘我眞我現 爲公反自成

(유위위무위 무상상고전 망아진아현 위공반자성)

불보살은 함 없음에 근원하여 함 있음을 이루게 되고(무위),

상 없는 자리에서 오롯한 상을 얻게 되며(무상),

나를 잊은 자리에서 참된 나를 나타내고(무아),

공을 위하는 데서 도리어 자기를 이룬다(봉공).

〈정산종사법어〉 무본편 33장의 법문이자 대적공실 다섯 번째 의두입니다.

무위, 무상, 무아 등 없는 자리에 근원하여 있는 자리를 나투되 모두를 위한 것이어야 한다는 겁니다. 한마디로 줄이면 지공무사至公無私 또 무아봉공無我奉公이라고 할 수 있습니다.

개그콘서트에 나오는 '네 가지'가 아닌 '수도자로 세상을 살아가는 네 가지 지혜', 그것이 오늘 여러분께 드릴 말씀입니다.

일은 흔적 없이 하라!

첫째는 무위無爲입니다. 일을 하되 '함이 없이 하라'는 말입니다. 무위도식無爲徒食이라는 말이 있지요. 하는 일 없이 먹고 노는 것을 말합니다. 이때 무위는 '아무것도 안 한다'는 말입니다. 불가에서의 무위는 놀고먹는 식의 아무것도 안 한다는 뜻이 아닙니다. 불가에서 '무위'라 함은 '흔적 없이 하라'는 말입니다. '그림자같이 하라'는 겁니다. 선시禪詩 중에 '대 그림자 뜰을 비질한다'는 표현이 있습니다. 앞마당에 대나무 숲이 있었던 모양입니다. 아마도 보름달이 훤히 비치는 달밤에 ⋯ 이 대나무 그림자가 비쳐 달이 기울어짐에 따라 ⋯ 대 그림자가 점점 길어졌다 짧아지는 모습이 ⋯ 마치 마당을 비로 쓰는 것처럼 보였나봅니다.

하지만 대 그림자가 뜰을 아무리 쓸어도 마당에 비로 쓴 자국이 남습니까? 안 남지요? 최고의 수행자들인 선사들이 '대 그림자 뜰을 비질한다' 같은 시를 읊는 것은 바로 흔적 없는 삶을 지향하기 위함입니다. 보이는 세계에서 현실적인 일을 하는 것이 우리네 살아가는 모습입니다. 하지만 수도인은 보이는 세계에서 흔적 없는 삶을 지향합니다.

무위란 '밖으로 나타나는 것에 대한 수도인의 기준'입니다. 다시 말해 밖으로 일을 할 때 흔적 없이 행하라는 것입니다. 그랬을 때 '유위위무위'라, 함이 없음에 바탕하면 함 있음을 이루게 된다는 말입니다. 무위의 삶, 매사 흔적없는 삶을 살아가는 수도인이 되기를 기원합니다.

44

마음엔 흔적을 남기지 마라!

수도인이 세상을 살아가는 두 번째 지혜는 무상無相입니다.

남을 도우면 꼭 남을 도왔다는 상이 남고, 어떤 일을 했으면 꼭 내 업적으로 남기고 싶어 하는 것이 인지상정인가 봅니다. 그래서 양나라의 무 임금梁武帝도 많은 절과 탑을 세운 것을 자랑하다가 달마 스님께 면박을 당했나봅니다. 호랑이는 가죽을 남기고 사람은 이름을 남기고 싶어 하는 것이지요.

금강산과 북한산, 지리산 계곡을 오르다가 절경인 바위에 새겨진 이름을 보며 우리는 어떤 생각을 합니까? 잘 알지도 못하는 분들이 자연을 훼손했다는 불쾌감을 갖지요. 부모님께서 주신 이름이니 자랑스럽게 이름값을 해 사람들의 입과 기억 속에 회자되어야 하는 게 가장 이상적입니다. 그런데 사람들은 인위적으로 나를 남기고 싶어 합니다. 이것이 상相입니다.

바위에 새긴 이름은 잘 지워지지 않듯 상도 무척 떼기가 힘듭니다. 하지만 바위에 새긴 이름이 오래가지만 마음속의 상은 물에 찍은 도장과 같아서 또 한순간에 없앨 수 있기도 합니다.

이처럼 무상無相이란 '안으로 수도인이 가져야 할 마음의 기준'입니다. 다시 말해 일을 함에 안으로 흔적 없는 마음을 가지라는 것입니다. 그랬을 때 '무상상고전無相相固全'이라, 함이 없음에 바탕하면 함 있음을 이루게 된다는 말입니다.

'나'마저 놓아라!

수도인이 세상을 살아가는 세 번째 지혜는 무아無我입니다.

선화로 유명한 판화가 이철수 씨가 있습니다. 원불교 100년을 맞아 대종경 판화 100선을 제작하고 계시지요.

이분이 충청도에 사시는데 어느 날 친구 집에 갔습니다. 친구는 일전에 이철수 씨가 선물했던 부채를 액자에 표구까지 해서 가장 잘 보이는 곳에 두었습니다. 유명한 화가가 만든 작품을 찍어 만든 부채이니 가격은 꽤 나가겠지요. 자신의 작품을 소중하게 대접하고 있는 것을 본 이철수 씨는 마음이 흐뭇했지요.

그런데 돌아오는 길. 논길을 걸어오는데 논두렁 옆에서 농부 한 사람이 쉬시며 요소 비료 포대를 뜯어 부채질을 하고 있었습니다. 일순간 머리가 번쩍 하더랍니다. 저 깔깔한 요소 비료 포대처럼 부채란 사람을 시원하게 만드는 것인데, 형식을 잘 갖춘 자신의 부채는 오히려 박제되어 벽에 걸려 있다는 것 때문입니다. 자신의 예술혼이 박제되어 있음을 발견한 것입니다. 자유로운 예술의 영혼을 꼼짝 못하게 감옥에 가둔 것이지요.

나는 참으로 소중한 것입니다. 세상의 모든 것을 이루기 때문입니다. 그리고 부처도 이루고, 이철수 씨처럼 좋은 그림도 그리기 때문입니다. 하지만 이 '나'가 자유로움을 잃고 낱낱의 '나'로 박제되면 더이상의 진급이 없습니다. 더 이상의 '나'는 없습니다.

따라서 '나'라는 것은 동전의 양면과 같습니다. 버릴 수도 없고 안버릴 수도 없는, 모든 것을 이루기도 하지만 결국 이것을 버려야 더 큰 것을 이루는 … 뗄 레야 뗄 수 없는 것을 말합니다.

결국 무위와 무상으로 '나'라는 망집을 벗어날 때, 무아無我, 즉 나를 잊는 경지에 들어가는 것입니다. 안팎으로 흔적 없는 마음과 행을 계속해가면 중생인 '나'가 사라집니다.

모두를 위함이 결국 부처!

수도인이 세상을 살아가는 네 번째 지혜는 봉공奉公입니다. 모두를 위하면 결국 부처를 이룬다는 말입니다.

깨달은 자의 행위는 공중을 향할 수밖에 없습니다. 세상이 한 집안이고 모든 생령이 나와 한 몸이라는 사실을 알기 때문입니다. 하지만 범부는 자기 자신만을 위해 살아갑니다. 내 욕심만 채우다보면 '함께'라는 틀이 무너지지요.

아버지가 자기의 욕심에 매일 술을 드시고 늦게 들어옵니다. 엄마가 자기 욕심에 사치스러운 살림을 합니다. 자녀가 자기 욕심에 스마트폰 게임과 인터넷만을 즐깁니다. 이들의 공중인 가정은 어떻게 될까요? 아버지는 건강을 해치고 돈을 상실하고 가족과 대화할 기회가 점점 사라집니다. 어머니는 돈을 쓰고 결국 빚에 쪼들려 가산을 탕진하고 빚까지 지게 되어 살림이 아니라 죽음을 향해 가겠지요. 자식은 건전한 공부로 미래를 준비할 수도 없습니다. 자기 욕심은 일시적으로 채웠겠지만 결국 이들에게 돌아오는 것은 뭘까요? 개인과 가족의 공멸입니다. 나를 위해서, 내 욕심만 채우다 보면 빚어지는 결과입니다.

그래서 수도인들은 나만을 위하는 삶이 아니라 공중을 위하는 삶을 삽니다. 수도인의 궁극인 봉공행은 현실적으로 손해가 다가옵니다. 보이는 세계에서 보면, 안 들여도 되는 힘을 더 들이는 것 같고, 안 써도 되는 돈을 더 쓰는 것 같습니다.

최상의 실천행은 봉공하는 삶입니다. 네가 죽어야 내가 사는 것이 아니라, '네가 살아야 나도 산다'는 원리를 아는 것입니다. 원원win-win이죠. 한자로 자리이타自利利他라고 합니다. 그래서 '그냥 봉공하라'는 것이 아니고 무아無我, 즉 '나를 잊고 봉공하라'는 것입니다.

이 의두의 결론은 무위, 무상으로 무아의 봉공을 하라는 것입니다. 그리고 무아봉공無我奉公의 원리를 상세히 알려준 것이지요.

지혜에 나아가고 禪과 善을
익히어 다치어 맑고 꽃다움을
이룬다 三學花 古寬

삼학화(三學花)

수양(禪)·연구(智慧)·취사(善)의 삼학으로 나를 완성시켜보자.
언제나 계정혜(戒定慧) 삼학으로 꽃 피어 있는 나!

여의주를 찾아라

大地虛空心所現 十方諸佛手中珠

대지허공심소현 시방제불수중주

頭頭物物皆無碍 法界毛端自在遊

두두물물개무애 법계모단자재유

천지에 마음이 나타난 바

모든 부처님이 가지신 여의주라

일체 이치와 만물에 걸림 없으니

법계를 털끝에 놓고 노니는구나.

이 법문은 대산 종사께서 원기 50년1965 응산 이완철 종사의 열반 당시 내린 게偈이자 대적공실 여섯 번째 의두입니다.

응산 이완철 종사님은 교단의 교정원장과 감찰원장을 두루 역임하시고, 살아서 법가지法可止 하시며 활불의 경지에 오르신 분입니다. 법위가 출가위에 오르면 종사라는 법훈을 주는데 우리 회상의 세 번째 종사위이십니다.

우선 의리적 意理的 풀이입니다.

대지허공 심소현

'대지地, 허공天'은 '천지天地'를 말함이고, '심소현'이란 '마음 하나가
나타났다'는 말이니 '천지에 마음이 나타났다', 즉 '마음을 가진 내가
태어났다'는 말입니다. '마음'이라는 것은 '진리가 사람이라는 개별적
인 모습으로 나타날 때의 표현'입니다. 그래서 인간을 소우주라고 하
지요.

시방제불 수중주

그런데 그 마음이라는 것은 모든 부처님과 깨달으신 성자들께서
손바닥에 쥐고 계신 여의주라는 말입니다. 여의주如意珠는 말 그대로
'뜻과 같이 되는 구슬'을 말합니다. 모든 걸 내 마음대로 할 수 있는
구슬을 말합니다. 이무기가 용이 될 수 있는 구슬이지요.

그런데 이 법문은 여의주가 다른 것이 아니라 바로 이 마음이라고
했습니다. 일체유심조一切唯心造란 법문처럼 '모든 건 내 마음이 짓는
바'라, 마음 하나를 깨치면 내가 부처님이 되고, 내가 하나님이 되는
겁니다.

모든 부처님과 성자들이 하나씩 쥐고 계신 이 구슬을 나도 갖고 있

습니다. 바로 이 마음이지요.

두두물물 개무애

두頭는 '의두나 화두'의 준말인데, 두두頭頭 하면 '모든 화두'를 말합니다. 대적공실 6가지 의두도 포함되고, 불교의 1,700공안도 해당되고, 의두요목 20가지도 해당됩니다. 한마디로 두두란 모든 '이치'를 말합니다.

물物이란 '만물'의 준말이니, 물물物物은 '모든 세상 만물'입니다. 한마디로 물물이란 세상의 '모든 일감'을 말합니다.

그래서 '두두물물 개무애'를 직역하면 '모든 화두와 세상 만물에 다 걸림이 없다'는 말인데, '모든 이치와 일에 걸림이 없다'는 말입니다. 이무애理無碍 사무애事無碍를 말하지요.

법계모단 자재유

법계法界란 법의 세계, 즉 진리의 세계를 말하지요. 세속의 법이 아니라 진리란 뜻의 법이지요. 모단毛端이란 털끝에 올려놓는 것을 말합니다. 따라서 '법계모단 자재유'는 '법계를 털끝에 올려놓고 자유롭게 노닌다'는 말입니다.

여의주를 얻어 자유롭게 날아다녀야 하는데 그렇게 못하는 이유가 뭘까요? 진세에서 모든 업業에 사로잡혀 있기 때문이지요.

마음이라는 여의주가 항상 반짝반짝 빛나야 하는데 모든 것을 나누어보는 분별과 업력에 끌리는 주착에 의해 여의주가 빛을 잃습니다. 업이라는 돌덩이가 하나씩 쌓여가니 그 무게를 감당할 수 없습니다.

마음이 여의주

대지허공 심소현大地虛空 心所現이라, 천지에 마음이 나타났다는 말은 만물의 영장인 '사람'을 생물학적 존재로 파악할 것이 아니라, 바로 사람에게 깃들어 있는 마음을 알아서 '진리의 구현체'로 인식하라는 말입니다. 즉, 진리와 마음이 다른 말이 아니라 같은 말이라는 뜻입니다.

김치를 담글 때 무엇이 필요하지요? 배추, 무에다가 고춧가루, 마늘, 젓국인가요. 밥을 지을 때는 무엇이 필요합니까? 쌀, 보리에다가 물, 불이 필요하지요. 하지만 여의주를 얻기 위해서는 다른 재료가 필요 없습니다. 오직 이 마음에 달려 있습니다.

요즈음 다이어트 열풍입니다. 먹고 살 일이 걱정이 없다 보니 자꾸만 살이 찌는 모양입니다. 그래서 이제는 살 빼는 일에 열중합니다. 하지만 살 찐 사람은 살 찐 사람대로, 멸치처럼 마른 사람은 마른 사람대로 다 매력이 있습니다. 살찐 사람은 후덕해 보이고, 마른 사람은 지혜로워 보입니다.

하지만 정작 중요한 것은 육신의 다이어트가 아니라 정신의 다이어트입니다. 태어날 때는 그야말로 천진무구한 마음을 가지고 태어납니다. 오염되지 않은 진리 그 자체인 여의주를 가지고 태어납니다. 하지만 살아가면서 딱딱하게 굳은살이 박힙니다. 욕심, 자기주장, 분노, 미움, 편견 등이 들러붙습니다. 비곗살처럼 우리 정신을 에워싸고 들러붙어 있는 '욕심의 삼겹살'을 깎아내야겠습니다. 마음의 다이어트를 해야 깃털처럼 가벼워집니다. 그래야 용이 하늘로 올라가듯, 육신은 진세에 처해 있지만 법계에서 자유롭게 마음먹은 대로 노닐 수 있습니다.

여의주 찾기

익산에 가면 보석박물관이 있습니다.

거기엔 2개의 원석을 전시해놨는데 하나는 광채가 없이 흐릿하고, 또 하나는 반짝반짝 빛났습니다. 그런데 같은 원석이라고 합니다. 해설사가 설명하기를 흐릿한 돌은 8번을 깎았고, 빛나는 돌은 800번 이상을 깎았다고 합니다.

우리의 마음도 마찬가지입니다. 모난 부분을 깎고, 흐린 부분을 닦아 본래의 광채를 회복해야 합니다. 깎이고 닦을 때는 비록 힘들지만 결국 눈부신 여의주를 얻게 될 것입니다. 마음을 깎는 방법이 삼학팔조 三學八條* 수행이요, 마음을 사용하는 방법이 사은사요 四恩四要**의 신앙이지요.

한우 꽃등심을 먹고도 징징거리면 불행이지요, 하지만 돼지껍질을 구워 먹으면서도 싱글거리며 웃으면 그것이 행복 아닙니까? 모든 부처님이 가졌던 여의주를 나도 되찾아야 법계를 손바닥에, 털끝에 올려놓고 자유롭게, 진실되게 노니는 것입니다.

행복 자판기

어느 날 문자 메시지가 날아왔습니다.

"행복과 사랑을 송금했어요. 짜증날 때 꺼내 쓰세요. 비밀번호는 당신의 방긋 웃음!"

이것이 행복 자판기 아닙니까? 커피 자판기는 동전을 넣어야 커피를 뽑을 수 있지만, 흩어진 마음을 회복해서 '방긋거리는 웃음' 하나만으로 법계를 자유롭게 노니는 행복을 뽑을 수 있으니 얼마나 여의주 얻기가 쉽습니까?

천지지간에 오로지 마음 하나 가진 내가 태어났습니다. 모든 부처님과 성현들이 가졌던 여의주가 다름이 아니라 바로 이 마음이니, 일

---

* 인격완성의 세 가지 공부법인 정신수양(精神修養)·사리연구(事理研究)작업취사(作業取捨)를 삼학이라 하고, 삼학을 촉진시키는 신(信)분(忿)의(疑)성(誠)과 삼학수행에서 버려야 할 불신(不信)탐욕(貪慾)나(懶)우(愚)를 합하여 팔조라 한다.

** 사은(四恩) - 천지은, 부모은, 동포은, 법률은.
  사요(四要) - 자력양성, 지자본위, 타 자녀 교육, 공도자 숭배.

체 이치와 일에 걸림이 없도록 닦고 또 닦아 이 육신은 진세에 처해 있지만 법계를 털끝에 놓고 자유자재합시다.

대적공실 여섯 번째 화두는 응산 종사께서 그런 생을 사셨다는 대산 종사의 찬탄이자 우리에게 이렇게 살아가라는 일갈 _喝_ 이십니다. 어찌 여의주를 찾을 것 같습니까?

진리 속 부처행

대적공실 6법문 여행을 마치고, 이 의두 내리신 뜻을 정리해봅니다.

교단 2대 말 총회 때, 원기 72년이니까 26년 전입니다. 원불교 3대 종법사님이셨던 대산 종사님께서 '대적공실'이란 법문을 내리셨습니다. 그리고 이 법문으로 "원기 100년, 원불교 100년대를 준비하라"고 하셨습니다. 이때 내리신 대적공실 법문은 화두 7개였지요.

소태산 대종사 탄생 100주년 때인 원기 76년 이 법문을 다시 강조하여 내리시며, 그 가운데 대종사님 '게송'이 빠져 6개가 되었습니다. 대종사님 게송이 빠진 이유는 아마도 '정전 일원상'에 나와 있기 때문으로 보입니다.

법문이 6개인 이유

대적공실 법문이 6개인 이유는 뭘까요? 이 여섯 가지를 가만히 살펴보면, 앞의 세 가지는 의두요목 20가지에 나와 있는 것입니다. 의두요목 1, 4, 8번입니다. 한마디로 3개는 부처님 문하의 '불교에서 쓰는 화두'라는 것이지요.

그럼 나머지 3개는 뭘까요? 네 번째 '변산구곡로…'는 〈대종경〉 성리품 법문11장이니 대종사님 법문이요, 다섯 번째 '유위위무위…'는 〈정산 종사 법어〉 무본편 법문33장이니 정산 종사님 법문이지요. 여섯 번째 '대지허공심소현…'은 응산 종사 열반시 대산 종사께서 내린 열반법문이니 대산 종사 법문입니다. 대종사님과 그 법맥을 이으신 분들, 즉 '원불교 성인 3분이 주신 화두'입니다.

대종사님은 새 불교인 원불교를 만드셨지만 석가모니 부처님께 연원을 대셨습니다. 과거 불교의 외적인 형태는 퇴색했지만 불법은 영원하지요. 따라서 불교 화두 3개와 원불교 화두 3개를 두신 것은 변하지 않는 진리를 가진 불교에 분명히 연원을 대신 것이요. 원불교 세 분 성자의 화두 역시 변하지 않는 진리를 그대로 잇고 있음을 나타내신 겁니다.

사람은 그대로지만 시대에 따라 옷을 달리 입지요. 사람은 변함이 없지만 조선시대에는 두루마기에 한복을 입었고, 지금은 양복이나 청바지를 입습니다. 이렇듯 진리는 변하지 않고 그대로이지만 진리를 구현하는 것은 시대에 따라 달라질 수 있지요.

그래서 시대를 따라 새 불교로서 원불교가 나왔지만 진리가 덥다고 어디 쉬기라도 합니까? 아니면 오래됐다고 낡기라도 합니까? 진리는 변함이 없습니다. 부처님 나시기 전에도, 불교가 전승해오던 2500년 동안에도, 그리고 새불교인 원불교의 100년 동안에도 변함이 없습니다.

대적공실 법문이 6개인 이유는 석가모니 부처님께 연원을 대신 것이고, 대종사님과 정산 종사님, 대산 종사님 세 분 성자들께서 진리를 그대로 계승해 전해주고 계심을 단적으로 나타내신 겁니다.

대적공실 법문 내린 이유

수도인으로서 적공을 하는 것은 당연합니다. 그런데 대산 종사님께서는 적당히 적공하라신 게 아니라 대적공大積功을 하라 하셨습니다. 큰 적공을 하라는 말입니다.

그러자면 기준이 있어야 하는데 이 6가지 의두가 기준이라는 겁니다. 이 6가지를 염두에 두고 살면 그것이 적공을 하는 법당, 적공실積功室이라는 겁니다. 내가 선방을 떠나지 아니하고 세속 일을 한다는 겁니다. 본래자리를 떠나지 않고, 원래의 맑은 마음을 지키면서 분별

속에 노닌다는 말입니다. 한마디로 대적공실 법문을 내리신 이유는 진리의 쳇줄을 놓치지 말고 항상 진리를 여의지 말라는 의미입니다.

이 가을에 따놓은 감하고, 힘겹지만 나무에 매달린 감은 어떤 차이가 납니까? 나무에서 떨어지면 일단 변하기 시작하는데 대롱거리더라도 붙어만 있으면 절대 변하지 않는 것이 이치입니다. 그와 같이 진리에 맥을 대라, 기운을 대고 있으라는 말입니다. 저 하늘에 높이 연을 날려도 줄이 있기에 내가 마음대로 조종하고 가지고 놀 수 있습니다. 하지만 끈 떨어진 연이 되면 어떻게 됩니까? 어디로 가는지, 어떻게 되는지 알 수가 없지요.

대적공실 법문을 주신 이유는 항상 진리를 여의지 말고, 진리 속에서 사는 부처가 되라는 의미입니다. 그 부처의 자리에서 원불교 100년을 고민하라는 말입니다. 부처의 자리에서 고민해야 원불교가 바로 간다는 말입니다. 대종사님, 정산 종사님, 대산 종사님이라는 색신은 가셨지만 그분들의 법신은 '대적공실'이라는 법문을 통해 영원히 함께 하십니다. 면면히, 맥맥이 … 법이, 그리고 진리가 계승됨을 믿어 의심하지 않기에 성자들은 편안하게 가십니다.

혹여 염려가 되어서 안전장치로 '대적공실' 법문을 주셨으니 큰 은혜입니다.

진리 포태 속 부처의 행

6개 화두의 공통점은 뭡니까? 답은 논리적으로 풀어볼 수 있지만 결국은 실천으로 나와야 한다는 겁니다. 그러기 위해서는 늘 내 마음 속에 이 화두를 끌어안고 살아야 합니다. 한순간도 이 화두를 놓지 말고 적공積功, 또 적공해야 이 화두가 내포하는 바를 내가 받아 가지 게 되고 언제나 진리를 떠나지 않고 부처의 행을 하게 된다는 말입니 다. 우리가 대적공실을 연마한 의미는 이 것입니다.

  잘 몰라도 실망할 필요 없어요. 계속 의두를 연마하다 보면 언젠 가는 문리가 트이겠지요. 이어지는 여행은 의두요목 20개 중 이것과 중복되지 않는 것을 하나씩 살펴봅니다.

일원화(一圓花)

부처님 오신 날, 대각의 달 4월이 오면 온통 법열이 넘쳐흐른다.
하지만 어디 4월에만 머무를 수 있나? 항상 한 둥근 꽃 피워내자!

의두요목

의두요목

부처님께서는 8만 4천 무량법문을 하셨고, 선불교에 들어와서는 1,701개의 화두(공안)가 양산되었고, 대종사님께서는 이 가운데 10여 개의 화두를 간택하고, 10여 개를 창제하여 '의두요목'이라 이름하고 20개를 깨달음에 이르는 화두로 내어주셨습니다.

'의두(疑頭)'를 직역하면 '의심 머리'라는 것인데 진리를 깨치기 위해 갖는 큰 의심을 말합니다. 1,701개의 화두뿐만 아니라 대소유무의 이치나 시비이해의 일 속에서 의심되는 것은 모두 의두가 될 수 있습니다.

대적공실과 겹치는 3개를 제외한 17개의 의두에 대한 해의입니다.

신(神)을 찾으라

세존이 탄생하사
천상 천하에 유아독존(唯我獨尊)이라
하셨다 하니, 그것이 무슨 뜻인가.

의두요목 2조입니다.

부처님의 탄생

부처님 당시의 풍습은 아이를 낳을 때 친정에 가는 것이었습니다.
부처님의 어머니인 마야부인이 태자를 낳기 위해서 당시의 풍습대로
친정인 콜리성에 가시던 중 룸비니 동산에서 갑자기 산기를 느끼셨
습니다. 그래서 옆에 있던 아소카 나무 꽃가지를 잡고 태자를 출산하

셨는데 출산을 옆구리로 했지요. 이때 천지가 진동을 하고 하늘에서 꽃비가 내리고, 연못의 용들이 나와 따뜻한 물로 태자를 씻어주고, 하늘의 신들이 내려와 예배를 했답니다. 또 갓 태어난 태자가 사방으로 일곱 걸음씩을 걸으며 한 손은 위, 한 손은 아래를 가리키며 "천상천하 유아독존天上天下 唯我獨尊"이라고 하셨답니다.

당시에 제왕절개술도 없었을 텐데 옆구리로 나오시고, 송아지도 아닌데 바로 걷는다는 게 말이 좀 되지 않지요? 신화라는 게 그렇습니다. 말도 안 되는 소리 속에 은유적인 기법, 즉 상징을 담아서 표현을 하지요. 부처님의 위대성을 보다 감명 깊게 전하고자 보통사람들과 다른 탄생의 모습을 그리기 위한 것입니다.

탄생 모습에 담긴 뜻

옆구리로 태어난 것은 부처님의 계급을 나타냅니다. 한국에 양반과 상놈이라는 계급이 있었던 것처럼, 인도에도 4계급이 있는데 크샤트리아, 즉 왕족의 상징이 바로 옆구리입니다. 그래서 옆구리로 태어났다고 표현을 하셨지요.

또 탄생 때 꽃비가 내리고, 용이 따뜻한 물로 씻어주고, 신들이 경배했다는 것… 이런 이변들은 부처님의 등장으로 앞으로 인류역사에 엄청난 변화가 일어날 것이라는 것을 암시하는 말입니다.

그리고 사방으로 일곱 걸음을 걸으신 것은 부처님께서 육도윤회를 벗어나 해탈을 이루신 것을 말합니다. 인간들은 각자가 지은 업에 따라 천도, 인도, 수라, 아귀, 축생, 지옥이라는 육도를 윤회하는데 궁극에는 이것을 벗어나 일곱 번째인 '해탈'을 이루신 것을 말하지요.

양손으로 하늘과 땅을 가리키며 '천상천하 유아독존'이라 말씀하신 것은 '천지에 오로지 나 혼자 존귀하다'는 독불장군 선언이 아니라, '내가 바로 조물주God'라는 선언을 한 것입니다.

'말도 안 되는 소리다' 하지 말고 언어 문자의 형식논리를 벗어나면 보입니다. 세존은 그 행동 자체가 의두 덩어리로 화化해 우리 곁에 다가옵니다.

아(我)는 진짜 나

이 의두에 많이 접근을 했지요. 이 의두의 핵심 키Key는 '아我=나'입니다.

흔히 무신론자들은 "이렇게 살아 있는 내가 없으면 세상이 무슨 소용이냐? 신비한 마술을 부리는 신은 없다. 내가 신이다"는 말을 하지요. 맞습니다. 다만, 내가 신인데 나를 신이게 하는 그 여의주 다루는 법을 완전히 익히지 못했습니다. 우리를 신이게 하는 여의주, 즉 모두가 하나씩 가지고 있는 알라딘의 요술램프가 뭐지요? …

그래요, '마음'입니다. 이 마음이라는 것으로 우리는 갖은 조화를 부릴 수 있습니다. 복도 불러오고, 화도 불러오고, 상대방의 마음을 화나게도 하고, 상대방의 마음을 녹일 수도 있지요.

여기서 '나'는 무엇을 말할까요? 육신의 나, 분별시비와 삼독오욕에 빠진 '나'가 아니라 청정자성, 본래면목의 '나'를 말합니다. 왕자로 태어난 자신을 지칭하는 오만이 아니라 우리 모두에게 내재해 있는 참 나, 큰 나, 즉 본래면목의 존귀함을 말합니다. 그러기에 이 소식을 깨치면 나는 어느 곳에 가든지 주인이 됩니다.

'일체유심조'입니다. 모든 것은 마음이 만든다는 것인데, 마음을 가지고 있는 '나'라는 존재가 분별에 빠져 있어서 참 나를 잃어버린 것이지요. 그래서 부처님께서는 '분별을 벗어나 본래의 그 청정한 마음을 회복하라. 그러면 그대들도 부처이다'라는 것을 상징적으로 암시하셨습니다.

결국, '세존이 탄생하사 천상 천하에 유아독존唯我獨尊'이라는 의두는 '스스로가 조물주이니 분별이 없는 참 나를 찾으라'는 말입니다.

보이는 것 벗어나면 여의주 빛나

우리는 눈에 보이는 세계만을 진실이라 믿고 살아왔고, 태어나면서부터 보이는 세계에 익숙해져왔습니다. 보이는 것에 익숙해야 하므로 태어나면서부터 배우지요. 흰 것 까만 것, 불은 뜨겁고 얼음은 차다, 아름다운 것 추한 것, 옳은 것 그른 것… '배움'이라고 하는 것은 이처럼 무수하게 이름 지어지고 나뉜 것들을 익히는 것입니다. 이렇게 나누어보는 것을 분별分別이라 합니다. 분별이 다 나쁜 것은 아니지요. 다만 '분별'을 통해 옳다 그르다 하는 '시비是非'가 생겨나고, 그 '시비'는 '욕심'에 의해 또 집착執着하게 되지요.

그래서 '보이는 것에서 벗어나라'는 말은 '분별하고 집착하는 것을 벗어나라'는 말입니다. 그랬을 때 '참 나'가 나타난다는 것이지요. 모든 걸 내 뜻대로 하는 여의주가 빛나는 것입니다.

버려야 모든 것 소유

없는 사람들은 장만하느라 일생을 보내지만, 또 잘사는 사람들은 그것을 부지런히 소비하고 향유하는 데 바빠서 참된 시간을 놓칩니다.

제가 아는 어느 분은 집에 있는 저울을 이용해 몸무게를 달 때, 옷을 입은 외출복 차림으로 저울에 올라간다고 합니다. 핸드폰이나 지갑은 물론이고 가방까지 들고 저울에 올라가서 무게를 잰다고 합니다. 이유를 물었더니 "그것이 진정한 나의 몸무게"라고 말했습니다. 속옷만 입고 저울에 올라야 몸무게가 나온다는 것을 모를 리 없건마는 '소유에 대한 경각심'이겠지요. 참으로 공부하는 삶의 자세였습니다.

가능한 버리십시오. 그것이 경편철도*처럼 모든 걸 소유하는 방법입니다. 가지고 있으면 그것만 소유하게 됩니다. 천상천하 유아독존… 무소유를 가리키고 있습니다.

---

* <대종경> 불지품 17장에 나오는 것으로, 제자들이 전주 - 익산 사이를 오가는 경편철도(輕便鐵道)를 출자자들이 무료로 이용하는 걸 부러워하자 거액의 관리비를 들이지도 않고 필요할 때만 이용하는 너른 살림의 길을 가르쳐 주신 법문.

의존에서 벗어나야 신(神)

결혼을 한 지 한 달쯤 된 어느 남자 청년 회원이 찾아왔습니다. "결혼을 하니 빨래와 청소를 안 해도 되고, 밥도 삼시 세 때 편하게 먹을 수 있구만요" 하고 자랑스럽게 말한 적이 있었습니다. 사랑하는 사람이 아니라 식모를 하나 얻었나 싶었습니다.

의존하는 습관이 들면 자력이 사라집니다. 나의 조물주는 나인데 나의 조물주가 어느 영역에서는 어느새 남이 대신하고 있지요. 그래서 대종사님께서는 자력을 양성하라 하셨습니다. 그래야 진정한 인권평등이 온다고 하셨습니다.

의존에서 벗어남으로써 내가 나를 마음대로 쓸 수 있는 조물주가 됩니다. 완전한 자력을 기르는 것이 내가 신(神)이 되는 평범한 길입니다. 신은 결코 하늘에 있지 않습니다. 바로 우리들의 마음속에 있습니다.

불공을 해야 부처

우리에게 보이는 것은 부자와 가난한 자, 장애인과 정상인, 예의 바른 자와 그렇지 않은 자 등 차별 속의 사람들 모습입니다. 하지만 보이지 않는 면에서 보면 모두가 불성, 부처님의 씨앗을 가지고 있는 사람들입니다. 사람뿐만 아니고 존재하는 모든 것은 존엄한 것입니다. 그 모든 것이 진리의 화현이기 때문입니다. 그 어느 것도 함부로 하거나 소홀히 해서는 안 되는 것이지요. 다만 그것을 아직 발견하지 못하고 있을 뿐입니다.

'참 나'에 근접하려는 사람은 모든 사람이 부처될 가능성을 가지고 있기에 그 누구도 비천하게 보지 않습니다. 그래서 대종사님께서는 '처처불상 사사불공', 모두가 부처님이니 대할 때마다 일할 때마다 불공을 드리라고 하셨습니다.

모두가 불공을 했을 때, 참다운 민주주의와 참다운 인권평등도 이루어집니다. 굳이 사회를 개혁하겠다고 나선 정치인들이나 시민운동가들의 방법을 빌리지 않아도 되는 것입니다. 불공… 이것이 나로부터 시작하여 점차 번져나가는 소식입니다. 불공을 하는 가운데 '참 나'도 찾아지고, 불공을 받는 모든 사람들이 '참 나'를 찾을 것입니다.

마음에서 마음으로

세존이 영산회상에서

꽃을 들어 대중에게 보이시니

대중이 다 묵연하되

오직 가섭존자(迦葉尊者)만이 얼굴에 미소를 띠거늘,

세존이 이르시되

내게 있는 정법안장(正法眼藏)을 마하가섭에게 부치노라

하셨다 하니, 그것이 무슨 뜻인가.

의두요목 3조입니다.

답답함 뉘 알리오!

2천5백 년 전 부처님께서 영산회상에서 설법을 하실 때입니다. 많은 사람들이 귀를 쫑긋하고 '부처님께서 어떤 설법을 하실까?' 하고 진지한 표정으로 기다리고 있었지요.

그때까지 부처님께서는 많은 설법을 하셨습니다. 진리에 대해서 이렇게도 설법을 하시고, 저렇게도 하시고, 소위 '눈높이'에 맞추다 보니 대저 8만 4천 개나 되는 법문을 하셨더랍니다.

그래도 사람들이 진리를 잘 알아듣지 못하는 거예요. 이론적으로 알기는 하되 온통 자신의 것이 되지 못한다는 겁니다. 즉, 실행이 없다는 말이지요. 진리적인 삶을 살지 못하고 '진리는 이렇다' 하고 이론적으로만 안다는 것이에요. 부처님께서 참 답답하시겠지요.

자기 집을 찾아오는 사람에게 쉽게 설명한다고 했는데 상대방이 계속 못 알아들으면 어때요? 속이 답답하지요. 자기는 이 길도 알고, 저 길도 알고, 차로 오면 어디쯤에다 주차하고, 걸어가면 어디로 가고, 만나기 싫은 사람 있으면 어디로 돌아가고 … 아무튼 자기 집이니까 오가는 길을 사통팔달로 아는데 남들은 잘 모르지요.

아마도 진리에 대해서 부처님께서 그랬나봅니다. 아무리 목청을 높여서, 목이 쉬도록 법문을 하셔도 못 알아들으니 답답했던가봅니다.

그 마음 어떠셨을까?

그래서 귀를 쫑긋 세우고 있는 사람들을 한참 물끄러미 쳐다보시다가 갑자기 단상에 사람들이 올린 연꽃 하나를 집어 들었더랍니다. 서론-본론-결론이 딱 맞는 구성진 법문을 기대했던 사람들이 어리둥절했지요. 입으로 법문을 설하셔야 되는데 갑자기 꽃을 하나 치켜드시고는 아무 말씀이 없으시니 말입니다.

그때 대중 가운데 한 사람, 가섭이라는 분이 갑자기 빙그레 미소를 짓더랍니다. '부처님께서 얼마나 답답하셨을까? 진리를 이렇게도 저렇게도 설명하시는데도 우리가 못 알아들으시니 진리는 말이나 글로 전하는 것이 아니란 걸 저렇게 보여주시는구나.

가을날, 날리는 바싹 마른 오동잎 한 장을 보면 거기에 천하의 가을이 다 담겨 있음을 아는 것처럼, 처처물물이 다 진리의 화현이로구나. 부처님께서 처처불상의 진리를 일러주시는구나. 진리를 넓게 펴면 온 우주 그 자체이지만 또 거두면 저 연꽃, 겨자씨 속에도 들어가는구나. 진리는 언설장구가 아니라 이처럼 마음으로 증득해야 하는구나.'

가섭의 미소 속에 이 뜻이 담겨 있음을 아시고는 부처님께서 꽃을 내리시고는 느닷없이 말씀하십니다.

"내 정법안장을 가섭에게 전하노라."

정법은 불법佛法 전체를 말하는 것이고, 안장은 이 불법이 천지만물을 다 비춰본다는 뜻입니다. 말하자면 중생의 눈이 아니라 깨친 사람의 안목으로 세계를 바라보는 부처님의 눈, 진리의 눈을 말합니다.

부처님께서 깨침의 법맥을 가섭에게 전한 것입니다.

염화미소=이심전심

그 유명한 '염화미소拈花微笑' 의두입니다.

'염拈'이란 말은 '손으로 집다'는 한자입니다. 그리고 '화花'는 꽃이지요. 염화, 즉 꽃을 손으로 집어 드니, 미소를 짓다는 말입니다. 염화미소는 이 의두를 4자 성어로 축약을 해놓은 것이고 풀어보면 의두요목 3조와 같은 것입니다.

'니 마음이 내 마음이고 내 마음이 니 마음이다'는 말이지요. 마음이 통했을 때 쓰는 것으로 '이심전심以心傳心'이란 말입니다.

공전의 시대로

부처님의 정법안장은 그렇게 해서 가섭에게 전해졌는데요, 이때 그 상징물로 부처님께서 입으셨던 가사승복와 발우스님 밥그릇를 전해주셨다고 합니다. 원불교에서 회장 이취임식을 할 때 '죽비'를 주는 것처럼 말이지요. 그렇게 33대째이자, 중국 교화를 시작한 것으로 보면 6번째인 혜능 스님대에 와서 이 상징물을 차지하려는 부작용이 일어나자 가사와 발우를 불태워버립니다. 그래서 6조 혜능 이후에는 공식적인 조사의 명칭을 붙이지 않고 비전秘傳의 시대에서 공전公轉의 시대로 넘어 옵니다.

종통 종맥을 한 사람에게만 비밀리에 전하는 것은 자식에게 가산을 물려주는 것과 똑같은 것입니다. 부처님 당대에는 인지가 낮아 법을 잇기 위한 방편으로 그렇게 했지만 지금은 다르지요? 그래서 혜능 스님이 부작용을 낳는 가사와 발우를 불태워버린 것이고, 대종사님께서도 게송을 비밀리에 정산 종사님께만 전하신 것이 아니라 공전하셨습니다. 모두가 진리 자리를 깨치기만 하면 누구나 함께 굴려갈 수 있도록 하신 것입니다. 그 본의인 이심전심을 살려, 깨침을 비전에서 공전으로 열어가야겠습니다.

활법(活法)

염화미소, 즉 진리를 마음으로 증득해 공전하는 시대를 여는 방법 첫 번째는 활법活法입니다. 활동하는 법, 살아 움직이는 법이라는 뜻입니다.

부처님도 그렇고, 대종사님도 그렇고 깨치신 분들이 진리를 문자화해서 법으로 밝혀놓으셨습니다. 그런데 가죽으로 된 케이스에 가장 좋은 종이를 사용해서 밖에 금칠까지 한 경전 속에 고이고이 얌전히 모셔두면 되나요?

그 법이 살아 움직여야 합니다. 그 경전을 읽어야 하고, 그 법문을 전해야 하고, 그 성구를 써야 합니다. 그래서 이 진리의 말씀들이 나의 뼈가 되고, 살이 되고, 피가 되어야 합니다. 그것이 죽은 법이 아니고 활법입니다.

매일 시간을 정해놓고 경전 읽는 시간을 가져보고, 매일 정해놓고 사경을 하는 공부를 시작해도 좋습니다. 이 법을 남에게도 전하는 적극적인 교화도 해봅시다. 그러기 위해서는 내가 먼저 잘 알아야겠지요?

활불(活佛)

염화미소의 참뜻을 살려 공전하는 시대를 여는 방법 그 두 번째는 활불活佛입니다.

법문을 듣고 이론으로 체계를 세우는 것도 중요하지만 그 법을 실

76

천하여 내가 부처가 되는 것이 그 본 뜻이지요. 저 같은 출가인들이 그런 경우가 많은데요, 교리로 꽃꽂이를 하는 것입니다. 법문을 듣고 공부한 게 많은데 실행을 못해서 언제나 입으로만 근사한 도덕 윤리를 말하는 경우입니다. 교법이 우리들의 의식에 머물러서는 안 됩니다. 법문이 우리들의 대화에만 머물러서도 안 됩니다.

적멸보궁의 시대는 끝났습니다. 부처님의 진신 사리를 모셔놓은 곳을 적멸보궁이라 하지요? 열반하신 부처님은 상징입니다. 법당의 부처님은 등상불일 뿐입니다. 목불木佛은 화해火海를 못 건너고 니불泥佛은 강을 건너지 못합니다. 대종사님께서는 당신을 상으로 만들어 기념할 수는 있으나 신앙의 대상으로 해서는 안 된다고 하셨습니다. 당신이 아니라 이 법을 받아 가지는 바로 너, 우리 자신이 살아 움직이는 부처가 되어야 한다고 말씀하신 것이지요. 법은 우리 각자 각자를 매개체로 살아 움직여야 합니다. 그것이 활법活法입니다.

활법과 활불, 이것이 바로 염화미소가 세월을 건너 우리에게 던지는 메시지입니다.

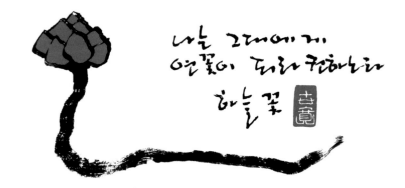

나는 그대에게
연꽃이 되라 권하노라
하늘 꽃 古寬

하늘꽃(天花)

성인은 진흙 속에서도 아름다움을 피워 올리는 연꽃을 권했다.
세속에서 세파에 쓸리고 세정에 묻혀 있더라도 하늘꽃으로 함초롬히 피어나라!

하나이니 하나로

만법이 하나에 돌아갔다 하니,

하나 그것은 어디로 돌아갈 것인가.

의두요목 5조입니다.

한자로 보면 '만법귀일 일귀하처萬法歸一 一歸何處'라는 유명한 의두입니다. 단적으로 이 의두는 본래 하나인 '진리의 근본 소식'을 알자는 것입니다. 또 '불생불멸'과 '인과보응'이라는 진리의 두 가지 속성을 명확하게 꿰뚫는 의두입니다.

먼저 '불생불멸'의 속성을 지닌 '만법귀일' 소식입니다.

화장터에서

화장터에 가면 시신을 태우는 로爐가 있는데 시체가 들어가면 대략 1시간 정도면 화장이 끝납니다. 처음 5분은 검은 연기가 나고 계속 흰 연기가 나지요. 1시간을 타고 나면 20~30분 정도 시신 수습을 합니다. 식히고 그 뼈를 잘게 빻는 작업을 하지요.

화장터에 올 때는 모두가 성도 다르고, 직업도 다르고, 사회적 위치도 달랐습니다. 그래서 함께 온 가족들도 그 행색과 문화가 다 달랐습니다. 어느 집안은 말쑥한 검정 옷에 고상한 품격을 갖추고 있었고, 어느 집은 의전과 상관없이 울고불고 한을 풀고 있었습니다. 아마도 열반인의 생전 모습이 그렇게 달랐음을 짐작하게 했습니다.

그런데 화로에 들어가 불에 타는 시신은 모두가 같았습니다. 시신을 수습해 빻으니 모두가 같은 분량의 재로 화했습니다. 또 그 재가 담기는 항아리도 제각각 차이가 났지만 내용물은 이미 똑같은 '한 줌 재'였습니다. 거기에는 김씨, 이씨, 박씨라는 성씨도 없었고, 남녀의 구분도 없었고, 사회적 위치도 없었습니다. 육신은 자연의 일부로, 각각의 영은 대령에 합일해 있을 뿐이었습니다. 본래자리로 돌아간 것이지요. 어머니의 몸을 빌어 각각 다른 사람으로 1백 년을 살다가 본래자리로 돌아간 것입니다.

어디로 갔을까?

작은 씨앗에서 가지도 나오고, 잎도 나오고, 열매도 맺히는 것 신기하지 않습니까? 너무나 당연한 것이어서 신기하지 않은가요?

이제 새싹이 나오려는 저 나무가 자랄 수 있는 것은 무엇인가요? 뿌리지요. 뿌리가 있어 물과 양분을 빨아들여 나무가 사는 것이지요. 그 뿌리는 또 씨앗에서 생겼구요. 씨앗이 뿌리를 만들고, 뿌리에서 가지가 나고 싹이 터서 열매도 맺고 또 씨앗이 만들어집니다. 요즘 말로 하면 DNA가 닮아 있어서 그렇다고 하지만 DNA가 있어도 이렇게 나고 자라는 것은 무엇 때문일까요? 그리고 또 납골당의 시체는 어디로 갔을까요?

성자의 눈

"산하대지에 가을이 오면 초목들이 낙엽이 되고 봄이 오면 다시 잎이 피는 것도 형상도 없고 잡을 수도 없는 한 기운의 조화요, 우리가 생로병사를 면할 수 없는 것도 무형한 한 힘이 들어서 그렇게 되는 것이니, 형상 있는 것을 지배하는 것은 곧 형상 없는 힘"이다. 정산종사님 말씀입니다 원리편 18장.

이어서 말씀하시기를 "형상을 가진 이 육신도 무형한 마음이 들어서 지배하나니 … 일체가 공한 그 자리는 모든 것이 구족하여 일체의 근원이 된다" 하셨습니다 원리편 19장.

이 우주는 영靈과 기氣와 질質 세 가지로 구성이 되어 있습니다. '영'이라는 것은 육신이 가도 결코 없어지지 않는 성품이고, '기'라는 것은 이렇게 살아서 움직이게 하는 힘입니다. 그리고 '질'이라는 것은 사람의 몸이나 사물 같은 모든 형체를 말합니다원리편 13장.

그런데 기가 영지를 머금고 영지가 기를 머금어서, 기가 곧 영지요 영지가 기입니다. 즉, 역할영은 본체, 기는 생동케 하는 힘은 다르나 하나인지라 영과 기가 합일된 자리를 '대성大性', 즉 큰 성품 자리라 합니다. 이렇게 형상이 있는 것과 또 없는 것, 동물이나 식물, 나는 것과 달리는 것… 이 모든 것이 다 기의 부림이요 영의 나타남입니다원리편 14장.

만법귀일은 불생불멸

이 세상에 진리가 가득 차 있는 상태를 '태화太和'라고 합니다. '크게 조화로이 있다'는 말인데 '태화원기성일단太和元氣 成一團' 할 때의 그 '태화'입니다. 태화는 원기, 즉 '으뜸가는 기운'이라는 말입니다. 이것은 하나의 큰 기운 덩어리인데요, 이 기운 덩어리를 '대령大靈'이라고 합니다. 그리고 사람이나 동물은 개별적인 영을 가지고 움직이는데 그 것을 '개령個靈'이라고 합니다.

동물은 영지가 주가 되어 기를 머금은 것이라 개령이 있고, 식물은 기운이 주가 되어 영을 머금은 것이라 대령만 있습니다. 그래서 사람이나 동물이 죽으면 그 개령이 대령에 합했다가 인과를 따라 또 개령으로 오게 되는 것이지요. 그런데 사람이 꼭 죽어서만 대령에 합하는

것이 아니라 마음이 정하면 대령에 합하고, 마음이 동하면 개령이 나
타나는 것입니다 _{원리편 15장}.

'대성'과 '태화'와 '대령'이라는 말이 모두 같은 의미입니다. 이것은
영원히 없어지지도 않고 갑자기 생기는 것도 아닙니다. 언제나 여여
하게 있는 것입니다. 그래서 '불생불멸 _{不生不滅}'이라 하고, 만물과 만법
의 귀의처이지요.

'만법귀일'의 소식을 알겠습니까?

보이는 것들… 영원할까?

이제 그 하나가 돌아가는 곳이자 실천 방법입니다.

태화, 대성, 대령은 여여합니다. 변하지 않고 항상 우리 곁에 있다
는 말이지요. '진리'는 일원상 서원문에 나오는 '유상 _{有常}', 즉 항상 있
는 것이지요. 하지만 영과 기와 질은 잠시도 머물러 있지 않습니다.
일원상 서원문에 보면 '무상 _{無常}'이라는 말이 나오지요. 항상함이 없
다는 말입니다. 끊임없이 변화한다는 말이지요. 잠시도 머물러 있지
않습니다.

꽃이 피고 지는 것은 우리가 알 수 있지요. 하루살이 살고 죽는 것
도 느낄 수 있습니다. 이 건물과 책은 불멸 _{不滅} 인가요? 반영구적일 뿐
이지 영구한 것은 아닙니다. 이 순간에도 끊임없이 소멸하고 있습니
다. 다만 시간이 우리가 느낄 수 없을 만큼 더딜 뿐입니다. 이것을 보
고 우리는 '성주괴공'이라 합니다. 우주 만물은 끊임없이 성주괴공을

계속해나갑니다. 그런데 똑같이 진행되지는 않지요. 나무가 잘려 종이가 만들어지고, 그 종이는 태워져 재로 화化해 자연으로 돌아갑니다. 다시 나무를 키우는 거름이 되기도 하지요.

다시 태어날 때는?

사람은 어때요? '생로병사'의 이치를 따라 유효기간 1백 년의 육신을 자연으로 보냅니다. 그러면 끝인가요? 아닙니다. 다시 새 몸 받아 태어나지요. 겨울이 와서 밭의 모든 작물이 사라지고 황량해지면 끝이던가요? 새 봄 오면 씨앗들이 기운을 따라 다시 풍성한 채소가 되지요. 허나 기후가 좋지 않으면 농사를 망치고, 거름이 풍부하면 농사가 잘 되듯 사람도 다시 태어납니다.

그런데 다시 태어날 때는 전생의 지었던 바에 의해 이 생이 결정됩니다. 그것을 우리는 '인과因果'라 합니다. 불생불멸의 원칙에 따라 끊임없이 윤회하되 인과의 정칙에 따라 윤회합니다. 그 하나가 다시 만물로 돌아가며 끊임없이 변화해 나갈 때는 '인과'에 의해서 된다는 말이지요.

걸음걸음 부처의 행

'만물, 만법이 하나로 돌아간다'는 말은 '영원히 하나'라는 '진리의 속성'을 말하는 것이지요. 그리고 변화를 계속하되 불생불멸의 원칙을 따른다는 것을 보여줍니다. 그리고 '그 변화'는 반드시 '인과'를 따라 진행된다는 것이지요.

만법은 하나로, 그 하나는 유상·무상의 원리를 따라 '여여하되_{유상} 다시 만법으로_{무상}' 갑니다. 만법귀일萬法歸一이요, 일귀만법一歸萬法입니다.

이 같은 표면적인 원리의 내면을 살펴보면 한번 멸하고 끝이 아니라 '영원하다'는 것을 알아야 하고, 돌고 돌 때는 '인과를 따라 간다'는 사실입니다. 바로 호리도 틀림이 없다는 '인과의 원칙'을 잘 알아야 된다는 것을 단적으로 우리에게 알려주는 것입니다.

만법귀일이요, 일귀만법이라는 외적인 이론보다는, 이처럼 그 내면에 '불생불멸과 인과보응'이 깔아 있다는 사실을 발견해내어야 합니다. 영원히 멸하지 않고 하나에 합했다가 다시 인과를 따라 나투어진다는 평범한 사실입니다.

한마디로 이 의두는 불생불멸不生不滅과 인과보응因果報應이라는 진리의 속성을 잘 파악할 수 있게 해주는 것인데요, 실천적으로 본다면 인과의 정칙을 잘 알아서 언제나 걸음걸음 부처의 행을 해야 한다는 '보보일체 대성경步步一切 大聖經'의 경지를 우리에게 무언無言으로 일러줍니다.

상대적 삶을 뛰어넘자

만법으로 더불어 짝하지 않은 것이 그 무엇인가?

의두요목 6조입니다.

한자로 보면 '불여만법 위려자 시심마^{不與萬法 爲侶者 是甚麼}'라는 의두입니다. 세상의 모든 것은 하늘과 땅, 동물과 식물, 물과 불, 흑과 백, 남녀, 빈부, 승패, 생사… 등 모든 것은 상대가 있고 짝이 있습니다. 세상의 모든 것은 다 짝이 있는데 짝이 없는 단 하나… 진리이지요. 바로 이 의두는 진리와 같은 삶을 살자는 소식입니다.

정남(貞男), 왜 하셨어요?

"짝하지 않은 것이 무엇이냐?"고 물으니 어떤 분이 "정남·정녀 선생님이요"라고 답을 해요. 물론 정남과 정녀도 남녀라는 관점에서 보면 서로 상대 되고, 결혼하신 숙남·숙녀와 대비되는 말이지요.

정남 교무님들에게 왜 정남을 했냐고 물으면 각각 특별한 답을 가지고 있습니다. 어느 정남 교무님은 이렇게 답했습니다. "세상의 모든 생명은 발정기가 있어 번식을 한다."

식물도 때가 되면 꽃을 피워 수정을 통해 열매를 맺고, 동물들도 일정한 기간이 되면 번식을 위해 발정기를 거친다는 말이지요. 그런데 이분 말씀이 "유독 거기서 제외되는 단 하나가 있으니 바로 사람이다."

그래요. 사람도 사춘기나 결혼 적령기가 되면 서로의 짝을 찾기 마련인데, 발정기가 아닌데도 남녀관계를 가지는 게 바로 사람이라는 것이죠. 그래서 동물과는 차이가 있나봅니다. 바로 발달한 사고와 지능이 그것을 가능하게 한 모양입니다. 마음이라는 게 있는데 고도의 분별작용과 집착작용에 의해 그렇게 되었다는 것이죠.

그런데 이 교무님은 이어서 말합니다.

"발정기가 아닌데도 아무 때나 남녀관계를 가질 수 있다면, 그 반대로 이 마음이라는 것을 가지고 한생 정도는 남녀관계를 안 가지고 청정하게 살 수도 있지 않겠는가?"

과연 그러하겠지요. 욕심을 담박하게 하고 청정한 수행을 해간다면 말입니다.

물론 그 교무님은 가정을 이루고, 자녀를 낳아 대를 잇고, 행복하게 살아가는 인륜을 부정하지는 않습니다. 수 없는 생을 살아왔는데 그 많은 생 가운데 한번쯤은, 세욕을 끊고 자기 수행과 공중사에 전일하여 성불제중成佛濟衆의 대원을 이뤄봐야겠다는 철저한 서원을 세우신 거지요. 그냥 독신으로 혼자 사는 것과는 차이가 있겠지요.

어떻든 그 교무님이 가진 '의지意志'는 도대체 어디서 나왔을까요? 의지는 '마음먹은 바'를 말하지요. 한마디로 '뜻'이라고 합니다. 마음에서 나왔지요. 그래서 세상사는 '마음먹기에 달렸다'고 하나봅니다.

진리… 짝이 없네!

마음이란, 본래자리, 즉 '성품'에서 분별이 일어날 때를 말합니다. 성품은 고요한데 마음은 분별에 의해서 일어나기 때문에 생생약동하지요.

사람은 분별과 주착이 고도로 발달해서 다른 동물에 비해서 생각하는 힘이 강하고, 그래서 마음이 고도로 발달해 있습니다. 이 마음을 어떻게 먹느냐에 따라 세상살이가 달라지는 것이지요. 그래서 우리가 마음공부를 하는 것이지요.

그런데 마음의 전 단계, 본래의 자리… 성품이지요. 그 성품은 어디에 있습니까?

대종사님은 이 성품을 일러 '일원상'이라 이름하셨고, 그것을 '동그라미'로 표현하셨습니다. 제불제성諸佛諸聖의 심인心印이요, 일체중생의 본성이라는 말씀이 그것이지요. 모든 부처님과 성현달사들이 깨치신 자리요, 모든 중생들이 가지고 있는 근본의 마음이라는 말입니다.

이것은 물건처럼 어느 한 공간을 차지하고, 특정한 시간대에 존재하는 것이 아닙니다. 세상천지 어느 곳에도 없는 곳이 없고, 과거-현재에도 계속 있어왔고 미래에도 불변으로 존재합니다. 그래서 그 안에 있는 우리의 눈으로 이것을 볼 수 없고, 형상으로 나툴 수도 없고, 말로 설명할 수도 없는 것이지요.

그것을 다른 성인들과 세상 사람들은 '진리'라고 이름을 지었답니다. 호리도 틀림이 없는 것 말입니다.

보이지 않는 자리의 교훈

이처럼 짝하지 않은 것이 진리이듯, 진리를 진정으로 아는 사람은 진리와 하나 되는 삶, 진리적인 삶을 살 수밖에 없답니다. 바로 상대적 삶을 뛰어넘는 것입니다. 이 하늘 그물, 진리 그물은 빠져나갈 수 없는 것임을 잘 아니까요. 그럼 어떤 게 진리적인 삶일까요?

이 '진리적인 삶'을 정전에 밝혀주신 대로만 살펴볼까요? 먼저 없는 자리에서 봅시다.

① '대소유무에 분별이 없는 자리'라고 했는데, 우리들은 태어나면서 분별을 하기 시작합니다. 우리가 자라면서 큰 것 작은 것을 따지고, 더 가지고 덜 가진 것을 분별하게 됐습니다. 하지만 원래 분별이

없다는 것을 믿어 분별을 초월한 '무소유의 삶'을 살아야 합니다.

② 또 '생멸거래에 변함이 없는 자리'라고 했습니다. 사람은 이 생에만 집착해 그 존재감에 고통스러워합니다. '나'라고 하는 존재감이 생겨 업을 짓습니다. 그래서 이 '나'라고 하는 상相을 초월해 거래去來하지 말고 '한결같이 오는 여래如來'로 살아야 합니다.

③ 또 '선악업보가 끊어진 자리'라고 했습니다. 사람은 분별과 자기 존재감을 가지게 되면 그 다음에 집착하게 됩니다. 이 집착 때문에 결국 선악 간 업을 만듭니다. 그러니 선악업보가 끊어진 자리라는 것을 알아 '무주착無主着의 삶'을 살아야 합니다.

④ 마지막으로 '언어명상이 돈공한 자리'라고 했습니다. 우리는 만나면서 끊임없는 시비 속에 시달립니다. 말과 글과 생각, 즉 언어명상으로 말입니다. 나이를 먹어가면서 아는 게 많아져서 말조심을 해야 하는데 꼭 말로 죄를 짓지요. 인터넷 속에서는 댓글을 다느라고 글로 업을 짓는 경우도 많습니다. 생각을 하면 언젠가 밖으로 나오지요. 하지만 언어명상이 공한 자리를 믿어 '시비를 초월'해 살아야 합니다.

보이는 자리의 교훈

일원상 진리는 없는 면만 있는 것이 아니지요. 그래서 대종사님은 공적영지空寂靈知의 광명을 따라 이처럼 드러난 자리, 즉 있는 자리에서 보면 하나의 거짓도 없이 실답게 소소영령하게 드러난다고 하셨습니다. 공적영지는 텅 비어 적적한 가운데 신령스럽게 알아지는 것을 말하는데 바로 '마음'을 뜻합니다.

어두운 방에서 스위치를 켜면 환하게 드러나지요. 마찬가지로 공적영지의 광명, 즉 우리의 마음작용에 의해 환하게 드러난 자리를 보면, 저 태양보다 밝게 빛나 모든 것을 명확하게 드러냅니다. 때문에 '거짓 없는 참다운 삶'을 살아야 합니다. 요즘은 확실한 양시대라 한 치도 숨길 수 없음을 잘 명심해야 합니다.

조화(造化)로운 자리

마지막으로 일원상 진리는 있는 자리와 없는 자리가 서로 조화를 이루어 조화로운 면 호리도 틀림없는 인과의 이치를 따라 건설되고 운행되어집니다.

'천망회회 소이부실 天網恢恢 疏而不失'이란 말이 있습니다.

〈노자 도덕경〉73장에 나오는 말인데요, '하늘의 그물은 넓고 넓어서 다 트인 것 같지만 결코 빠져 나가지 못한다'는 뜻입니다. '하늘의 그물'이라는 것이 바로 '이 세상에 진리가 가득한 상태'를 말합니다. 그물코가 보이지 않아서 자유롭게 살고 빠져나가는 것 같지만 이 '하늘의 그물'은 결코 놓치는 것이 없습니다. 이것이 '인과'입니다. 눈에 보이지 않고, 별일 없는 것 같지만 다 연결이 되어 있어서 결코 흐트러짐 없이 소소영영하게 결과가 나타나는 것입니다. 따라서 우리의 삶은 '인과의 이치를 깨달아 그것에 바탕한 삶'을 살아야 합니다.

진리가 아무리 무궁한 이치가 있고 위력이 있다고 할지라도 사람이 그 도를 보아다가 쓰지 않으면 진리는 한갓 빈 껍질에 불과할 뿐입니다. 하지만 우리가 그 진리를 보아다가 망치나 차나, 핸드백처럼 요긴하게 쓴다면 우리가 바로 진리의 주인이요 만물의 영장이라 할 것입니다. 불보살들은 이 진리를 보아다가 이 육근동작에 활용하여 삼계의 대권을 행사하십니다. 저희들도 이제 진리를 알고 활용법을 알았으니 그것을 우리들의 육근 작용하는데 그대로 가지고 와서 '보보일체 대성경步步一切 大聖經: 걸음 걸음이 법문을 나투자' 합시다.

간절한
추모의 정성이
뜬구름
팔자를 넘는 법
追慕花

추모화(追慕花)

삶과 죽음은 하나… 우리 주변엔 인연들의 열반길이 도처에 펼쳐진다.
간절하게 추모의 정성 드리면 어느새 내가 성자로 닮아가는 것!

산 경전 읽기

만법을 통하여다가 한 마음을 밝히라 하였으니,
그것이 무슨 뜻인가?

의두요목 제 7조입니다.
한자로 보면 '통만법 명일심(通萬法 明一心)'이라는 의두입니다.

본질은 마음

교당에서 설교 말씀을 무엇이 듣고, 지금 이 글은 무엇이 읽습니까?
법당에 계시는 모든 교도님들은 스피커를 통해 모두에게 똑같이
들리지만 한 귀로 흘리시는 분도 계실 테고, 마음을 고누고 듣는 분
도 계실 겁니다. 신문을 읽는 분들도 글을 보기는 하지만 구하고자

하는 각자의 마음상태에 따라 받아들이는 정도가 다를 겁니다.

어때요? 귀가 듣고 눈이 읽나요?

귀나 눈은 단순히 듣고 보기 위한 감각기관일 뿐입니다. 똑같이 듣고 보지만 내 마음이 어디를 가고 있느냐에 따라 같은 내용의 설교이지만 다르게 받아들여지지요. 결국 내 마음이 듣고 보는 것입니다. 행하는 것도 마찬가지입니다. 그래서 일체유심조一切唯心造라, 모든 것은 마음이 짓는 바라 하신 겁니다.

따라서 이 한 마음을 어떻게 쓰느냐에 따라 성현 군자도 되고, 중생이라 부르기도 하는 겁니다. 마음을 잘못 쓰면 범부 중생이라 하고, 마음을 잘 추어잡아 쓰면 덕인德人이고 현자賢者라고 하지요. 또 마음의 원리를 깨쳐 능히 경륜을 펼쳐 세상을 건설하기도 하고, 능히 잠룡하여 흔적 없이 살기도 하시는 분을 부처라고 합니다. 기독교에서 말하는 신神도 바로 이 분을 말합니다. 그래서 예로부터 '마음'이 곧 진리라고 하신 겁니다. 그리고 이 마음을 쓰는 방법을 연마하신 것이지요.

마음은 진리의 능동태

원불교에서 말하는 진리를 '일원상 진리'라 이름하는데, '우주와 인생의 원리'입니다. 우주의 운행 이치와 인간 삶의 원리를 말합니다. 따라서 사람을 소우주라고 하기에 사람이 지니고 있는 성품, 즉 마음을 우주에 일관하는 진리와 동일시하는 것이지요.

두루 편만하신 진리가 살아 움직이는 사람의 마음과 같은 것이기에 '진리의 능동태'라고 합니다. 또 진리가 '대령'이라면 사람의 마음을 '개령'이라고 하지요. 사람이 죽으면 육신은 지수화풍 사대로 흩어지지만 마음이라는 것은 결코 없어지지 않아서 대령에 합했다가 다시 49일이라는 중음中陰을 지나 인과에 따라 다시 개령으로 태어나는 것이지요.

진리가 춤을 춘다!

의두요목 7조는 앞서 공부한 의두요목 5조, 6조와 연속선 상에 있습니다.

의두요목 5조에 보면, "만법이 하나로 돌아간다 하니 그것이 무슨 뜻이냐"고 했습니다. 모든 사물과 원리가 있지만 결국 그것은 진리 하나로 귀결된다는 말씀이고, 진리는 두루 편만하여 모든 곳에 없는 곳이 없는 무소부재로 여여하시다는 말씀이지요. '두루 편만한 진리의 보편적 속성'을 말씀하시는 겁니다.

그런가 하면 의두요목 6조는 '만법과 더불어 짝하지 않는 것이 있다고 했는데 그것이 뭐냐'는 겁니다. 세상 모든 것은 짝이 있지요. 흑과 백, 남자와 여자, 밝은 것과 어두운 것처럼 음양의 구조로 되어 있는데 오로지 그 모든 것을 총섭하는 진리만이 짝이 없는 것이지요. 오로지 그 하나로 여여하십니다. '절대적인 진리의 유일성'을 말하는 겁니다.

이처럼 진리는 '절대적'이기도 하지만 두루 통하여 있는 '보편성'을 가지기도 한다는 말씀입니다. 앞의 두 가지 화두와 연결되어 이제는 그 '진리가 살아 숨쉬게 하자는 것'이 의두요목 7조입니다.

진리는 어떻게 살아나야 하지요? 신이 타력으로 조화를 부리나요? 착각입니다. 바로 나를 통해서 살아나는 겁니다. 나의 마음을 통해서 살아나는 겁니다. 능동적인 진리의 연마로 진리적인 삶을 살게 하려는 성자의 본의가 드러나는 화두가 바로 의두요목 7조입니다.

진리의 간격

나무를 심을 때는 클 것을 고려하여 적당한 간격을 유지해야 합니다. 그렇다면 진리와 나는 얼마나 떨어져 있고 그 간격은 얼마나 될까요?

진리는 간격이 없습니다. 어느 곳에도 없는 곳이 없기 때문에 무소부재無所不在하다고 합니다. 이것은 모든 종교가 마찬가지인 것 같습니다. 하나님도 없는 곳이 없지요. 나 혼자 어둡고 내밀한 곳에 있어도 하나님은, 진리는 항상 곁에 계십니다. 그래서 유교에서도 '신기독야愼其獨也'라 했습니다. 그 혼자 있을 때를 삼가라는 말씀이지요. 진리는 몰래 한다고 해서 결코 모르지 않습니다. 하는 만큼의 결과가 반드시 나오지요. 그것이 인과입니다.

사람이 혼자 고립되고 다른 것과 간격을 두고 살아가는 것 같지만, 그 사람이 진리가 간격 없음을 알아서 모든 것과 하나 되는 삶을 살아간다면 그를 일러서 부처라고 합니다. 간격 없는 삶… 그것을 우리말로 바꾸어보면 '시방일가 사생일신十方一家 四生一身'입니다. 온 세상이 다 내 집이요, 모든 생령이 다 나와 한 몸이라는 겁니다. 한 마음을 밝히기 위해 만법을 통한다는 것은 바로 이 '간격을 없애는 공부'입니다.

팔자 고치기

한 마음을 밝히는 방법으로 대종사님은 삼학三學을 말씀하셨습니다. 특히 그중에 '만법으로' 한 마음을 밝히는 것은 '사리연구'입니다. 우리는 일과 이치 속에 살아갑니다. 그걸 사리事理라고 하지요. 그걸 잘 연마하라는 겁니다.

먼저 일事을 볼까요? 일은 시비이해是非利害로 진행됩니다. 우리가 겪는 일은 옳고是 그르고非, 이롭고利 해로운害 이 네 가지를 벗어나지 못합니다. 항상 이해利害관계 속에 사시지요? 그리고 끊임없이 시비是非에 둘러싸여 사시지요? 우리의 일은 이처럼 시비에 둘러싸이고, 치열한 이해관계 속에 살아갑니다.

다음은 이치理입니다. 일 속에는 반드시 이치가 숨어 있어요. 이치라는 것은 대소유무大小有無로 표현됩니다. 대大는 전체요 소小는 부분입니다. 전체大와 부분小으로 세상은 구성되는데 우리는 코끼리 다리만 본다든지 코만 본다든지 하고 세상을 살아가지요? 혹은 전체를 다 보는 경우도 있습니다. 실수라는 것은 전체와 부분을 어떻게 보고 판단하느냐에 따라 나오는 겁니다.

또 세상은 항상 변한다는 사실입니다. 유에서 무로, 무에서 유로 변해가요. 언제나 젊은 것 같다는 생각을 하기 때문에 늙고 나이가 들면 괴롭지요. 언제나 새 것이라고 생각하니까 중고차가 되어서 고장이 나면 괴로워지지요. 진리를 제외한 모든 것은 변합니다. 변화를 잘 알아야 그에 맞는 대처를 하면서 세상을 살아갈 수 있지요.

이처럼 세상사는 일과 이치, 즉 시비이해의 일과 대소유무의 이치 속에서 진행되고 건설되어 갑니다. 이것을 잘 알아야지 우리의 마음이 적절하게 대처를 하겠지요? 우리의 마음은 이 시비이해와 대소유무를 잘 통달해야 원만하게 사용됩니다. '시비이해 대소유무'라는 이 여덟 글자八字를 통해서 팔자를 고쳐나갈 수 있다는 말입니다.

팔자 고치는 좋은 방법이 '정기일기'를 통해 자신을 정리하고 작은 깨달음을 누적시켜가는 것입니다. 시비이해를 잘 파악하고 마음 가는 곳을 살피는 것이 '심신작용 처리건'이요, 대소유무의 이치를 잘 파악하고 깨달음을 얻어나가는 것이 '감각감상'인데, 이렇게 나누어 쓰는 것이 정기일기입니다. 마음은 진리의 능동태이니 이제 진리가 살아 춤추게 해야 합니다. 그러면 이 마음이 산 경전을 통해 단련되어 우러나야 합니다.

만법이 산 경전

대종사님께서 이 세계는 모두가 살아 있는 크나큰 경전經典이라고 가르쳐주셨습니다. 또 서철西哲의 말씀에도 이 세계는 '대학'이라고 하셨습니다. 이처럼 책으로 된 것만이 경전이 아니요, 참 경전은 책 밖에 있는 것을 발견해야 되는데, 부처님이나 성현은 바로 그 경전을 보아서 우리에게 가르쳐주셨습니다.

대종사님께서 산업부 목장에 가셨습니다. 살이 쪄야 할 돼지가 무척 야위어 있었습니다. 그래서 그 까닭을 물었지요. 그랬더니 이동안이라는 제자가 "장마 때 보리가 약간 상해서 그것을 줬다가 다시 장마가 끝나자 늘 먹던 겨를 줬더니만 잘 안 먹어서 그렇다"고 답변했습니다. 한때 맛있는 것에 구미를 들이다가 다시 맛없는 것을 주니까 안 먹어서 그렇다는 것이지요.

그걸 보고 대종사님께서는 "이것이 산 경전"이라고 하셨습니다. "잘 살던 사람이 졸지에 가난해져서 받는 고통이나, 권세를 잡았던 사람이 한순간에 권세를 잃으면 받는 고통이 그와 같다"고 하신 겁니다. 인도품 27장에 나오는 이야기입니다.

그래서 성현들은 부귀 권세가 온다고 기뻐하지도 않고, 부귀 권세가 간다고 해서 근심하지도 않는다는 말씀입니다. 돼지의 음식이 바뀌어서 나타나는 모양을 보고 사람의 부귀 권세가 오고 가는 이치를 내어온 것이지요. 이게 산 경전입니다.

우리 주변에는 산 경전이 널려 있습니다. 그걸 정기일기로 끊임없이 써보고 자신의 것으로 만들어가자는 것이지요. 우리 주변의 산 경전이 바로 만법인 셈입니다. 그것을 통해 우리의 마음 이치를 밝혀 마음을 온전히 써가자는 것입니다.

풍월의 천기누설

정월 대보름날 하늘에 휘영청 달이 떴습니다. 구름이 다가오더니 달을 가렸습니다. 달을 바라보던 사람들이 실망했습니다. 달이 사라졌나요?

이때 바람이 일기 시작하더니 구름을 몰고 갔습니다. 다시 보름달이 빛나기 시작했습니다. 그걸 바라보던 사람이 말했습니다.

"풍월이 천기를 누설하네?"

달과 바람은 무심히 비추고 불었지만 그 하나에 사람들의 마음은 오고 갔습니다. 그 속에서 무엇을 배워야 할까요?

무한히 펼쳐진 산 경전으로 한 마음을 밝혀야 합니다. 그리고 한 마음을 밝히면 뭐하나요? 부처의 말과 행동이 나와야지요. 안 그러면 본래자리가 아직 완전치 못하고 보고난 뒤 고민하다 시간 죽이는 것일 뿐입니다.

부처 마음 가지는 법은 뭡니까? 모두가 은행통장 하나쯤은 가지고 있지요? 수행인들은 하늘통장을 만들어 복을 예치해야 합니다. 모두가 핸드폰을 가지고 있지요? 인연들과 하루에도 많은 통화를 하지요? 진리와는 통화를 하십니까? 항상 진리와 통화하십시오. 바로 산 경전을 보고 통화를 하는 것이 진리와 통화를 하는 것입니다.

의두요목 7조, 만법을 통하여다가 한 마음을 밝히는 것… 바로 산 경전을 잘 읽어야 한다는 뜻입니다.

의두요목 9

윤회의 비밀

부모에게 몸을 받기 전 몸은 그 어떠한 몸인가?

의두요목 9조입니다.

부모에게 몸을 받아 태어나기 전 소식은 바로 '윤회의 비밀'을 알아야만 풀어낼 수 있는 문제입니다.

죽음은 종말이 아니다

우리들은 보이는 세계에서 살기 때문에 눈에 보이는 것만 믿고, 알고 살아갑니다.

하지만 아주 작아서 우리 눈에 보이지 않던 것이 현미경으로 보면 보이지요. 또 너무 멀어서 우리 눈에 보이지 않던 별이 허블 망원경을 통해서 보면 보이는 것을 다 알지 않습니까?

마찬가지입니다. 중생들은 눈에 보이는 세계만 보아서 알고 있는데, 부처님은 눈에 보이지 않는 세계, 즉 법계, 진리계, 영혼의 세계를 보아다가 우리 중생들에게 알려주십니다. 그것이 바로 '윤회의 비밀'입니다. 한번 죽으면 끝이 아니라는 사실 말입니다.

자! 윤회의 비밀을 알아봅시다.

대종사님께서는 "모든 사람은 생로병사의 이치를 따른다천도품 16"고 하셨습니다. 태어나면 누구나 늙어가고 병들고 결국 죽게 된다는 말이지요.

그런데 대종사님은 "이 생로병사가 춘하추동과 같이 된다"고 하셨습니다. 봄, 여름, 가을, 겨울이 한 번만 되고 끝나던가요? 겨울에 허허벌판이요, 푸른 잎 한 장 없던 삭막함이 지속되었지만 어디서 그런 기운이 솟아났는지 다시 새 봄이 오면 푸른 잎들과 함께 생명이 움트는 소리가 나지요.

춘하추동이란 자연을 보면서 우리는 '죽음은 종말이 아니라 새로운 시작'임을 발견하게 됩니다. 대종사님은 "자연의 춘하추동처럼 사람의 생로병사도 그렇게 반복된다"고 하신 겁니다. 우리는 죽으면 끝이라고 생각하지요?

윤회의 동력은 인과

자, 죽음에 대해서 정의를 내려봅시다. 그러자면 사람은 육신과 영으로 이루어져 있다는 사실을 알아야 합니다.

대종사님께서 죽음에 대해서 정의를 내려주십니다. '죽음'은 '육신의 사용 연한이 다된 것이고, 영은 인과를 따라 육도 윤회'한다_{천도품}고 말입니다.

이 육신은 유효기간 1백 년짜리 가죽주머니 제품일 뿐입니다. 그러니 유효기간이 지나면 새로 바꿔야지요. 기간이 지난 제품은 흙으로 돌아가고, 그 제품 속에 들어가 제품을 움직이던 영은 다시 새 몸을 받습니다. 그런데 새 몸을 받을 때는 인과에 의해 받습니다. 마치 차를 새 걸로 바꿀 때 자신의 여유가 있는 만큼 큰 차든 작은 차든 바꾸는 것처럼 이전에 자신이 지었던 만큼의 인과에 따라 거기에 맞는 새 몸을 받게 되는 겁니다.

자! 이렇게 되면 육신은 가도 영혼은 남게 되지요.

그래서 이 육신에 집착하지 말라고 하신 것입니다. 영혼은 영원히 없어지지 않고 끊임없이 인과를 따라 윤회를 하는 겁니다. 그래서 인생은 불생불멸不生不滅입니다천도품 15.

그리고 '윤회의 비밀'을 아는 사람은 삼세三世를 인정합니다. 즉, 전생을 인정하기에 이 생의 고통과 행복을 수용하고, 다가올 내생을 알기에 이 생의 고통을 극복하고 행복을 장만하려 하는 것이지요.

이것이 '윤회의 비밀'입니다.

몸 바꾸는 원리

본 의두에 담긴 근본적 문제를 알아보기 위해 '몸 바꾸는 원리'를 알아봅시다.

육신을 떠난 영은 대개 49일간 중음에 머뭅니다천도품 34. 그래서 우리가 중음에 머무는 49일간 천도재를 정성껏 지내지요. 물론 49일 전에 바로 탁태되는 경우도 있고, 49일을 지나 몇 달, 몇 년이 걸리는 경우도 있습니다. 수행을 많이 하고 인연을 잘 지어놓으면 빨리 갈 것이요, 이 생에 미련이 많이 남고 길을 잘 몰라 매하면 새 몸 받는 데 오랜 시간이 걸릴 것입니다.

그리고 새 몸을 받는 원리는 '착심著心과 전생의 업'입니다. 대종사님은 "착심과 전생의 업에 의해 탁태된다천도품 11"고 하셨습니다. 착심이 많고 미련이 많으면 떠나지도 못하고 그 주위를 빙빙 돕니다. 착심과 한이 많으면 가까운 인연에게 빙의憑依되기도 합니다. 또 전생에 지어놓은 업만큼 가지고 갑니다. 자기가 벌어놓은 만큼 집을 가지고, 차를 가지고, 물건을 소유하듯 새 몸도 자신이 지은 만큼 가지게 됩니다. 벌어놓은 게 없으면 가지고 싶어도 큰 집과 좋은 차를 가지지 못하듯이 말입니다.

그리고 몸 바꿀 때 마지막 원리가 하나 더 남았습니다. 바로 '한 번 탁태되면 먼저 의식은 사라지고 탁태된 육신을 자기 것으로 안다천도품 13'는 것입니다. 새 몸을 받았는데 전생은 물론이고, 그 전생의 일까지 다 알고 있으면 얼마나 골치 아프겠어요? 그러면 새 몸을 받았다고 할 것도 없지요. 새 몸을 받으면 전생의 의식은 다 사라지고, 다만 제8식 아뢰아식에 기록된 업인業因만 작용하는 것입니다.

질문을 되새긴다!

다시 본론으로 돌아와봅시다. 본래 의두가 무엇이었습니까?

'부모에게 몸을 받기 전 몸은 그 어떠한 몸인가?'

이제 답을 아시겠습니까?

바로 우주만유는 모두 끊임없는 '불생불멸'의 원리 속에 산다는 것을 가르치기 위한 의두입니다. 그리고 또 하나, 전생의 업에 의해서 이 생의 몸을 받는다는 '인과의 원리'를 가르치기 위한 의두입니다. '불생불멸'과 '인과보응'이라는 진리의 속성을 가르치기 위함인데 이 의두를 연마하는 것처럼 자명한 것도 드뭅니다.

이 생에 부모의 몸을 받기 전 몸은 무엇일까요? 전생의 몸은 가고 영원히 멸하지 않는 영식이 있어 그 영식은 바로 중음에 있었겠지요. 그것을 일러 '중음신中陰身'이라 합니다. 중음에 머무른다는 것이 중요한 것이 아닙니다. 중음은 하나의 원리에 불과할 뿐입니다.

대종사님께서 죽음에 대해서 내리신 정의처럼 '죽음'은 '육신의 사용 연한이 다된 것이고, 영은 인과를 따라 육도 윤회'한다는 천도품 16장의 말씀을 잘 새기는 것이 중요한 것입니다.

이 생을 거닐며 내생 준비

육신은 고작 1백 년이란 유효기간이 지나면 썩어서 흙으로 가는 제품이니 착심을 떼야지요. 이 육신에 너무 집착하지 맙시다. 잘 활용하면 되는 겁니다. 불생불멸의 원리를 아는 사람은 이 몸과 이 몸 살아가는 것에 그다지 집착을 하지 않습니다.

다만 이 영은 영원히 멸하지 않고 착심과 전생의 업인에 따라 계속해 새 몸을 받아 복을 짓기도 하고, 죄를 지어 가기도 하는 것입니다. 그러니 어때요? 이 생에 선업을 많이 쌓는 것입니다. 지혜로운 사람은 이 생을 거닐면서 이 생만 사는 것이 아니라 다가올 내생도 준비하는 것입니다. 인과보응의 원리를 아는 사람은 되는 대로 자유롭게 막 사는 것이 아니라 이 생을 거닐며 내생을 준비합니다.

우리의 생은 자신이 지은바 업에 따라 영원히 돌고 돈다는 것을 기억합시다. 그래서 우리에게 주어진 소중한 날들 하루하루를 소중하게 보내시길 바랍니다. 그것이 바로 '부모에게 몸 받기 전 몸'의 소식을 아는 사람이요, 이 생을 거닐며 내생을 준비하는 지혜로운 사람의 모습입니다. 오늘도 금쪽같이 좋은 날, 행복한 날 되시기 바랍니다.

청정한
솔향 내음 속에
성혼이 피어나네
聖魂의 花

성혼화(聖魂花)

불볕 무더위에 사람들 더위 피해 미친 듯 날뛰어도
성탑의 푸른 솔가지 성혼 음미하며 불심 피워 올리네!

동정간 성품을 여의지 말자

사람이 깊이 잠들어 꿈도 없는 때는
그 아는 영지가 어느 곳에 있는가?

의두요목 10조에 대해서 공부를 하는 날입니다.

꿈

꿈은 여러 가지가 있습니다. 아무런 의미 없이 주변의 일상 중 어느 한 모습이 변형된 상태로 나타납니다. 일반적으로 '개꿈'이란 말은 그래서 나왔습니다.

그런가 하면 아이를 가지려 할 때 꾸는 꿈이 있지요. '태몽胎夢'이라 합니다. 태몽을 두고 '아들이다, 딸이다, 혹은 어떤 사람이 될 것이다'는 말을 하곤 합니다.

또 앞으로 일어날 일을 말해준다고 하여 우리는 꿈을 해석하려고 애를 씁니다. 그래서 꿈에 예측의 기능을 부과하려고 애를 씁니다. 혹 일어날 일이 맞을 때를 일러 '현몽現夢'이라 합니다.

이렇게 꿈은 우리가 잠잘 때 의식 속에서 다양한 모습으로 나타나 인류의 의구심을 더욱 부채질해왔습니다. 서양에서는 프로이트라고 하는 사람이 정신분석학을 연구하면서 꿈에 대한 과학적 분석이 시작되었지만, 불교에서는 이미 2천 년 전에 유식학이라는 것으로 꿈에 대한 접근을 했습니다.

서양에서는 꿈은 의식의 작용, 즉 '잠재의식'이라는 말로 표현을 했구요, 불가에서는 거의 같은 의미입니다만 현재 자신의 삶과 연관된 '분별 사량'이라고 했습니다.

우리의 6근이 만들어낸 6식, 즉 '안이비설신'이라는 전5식과 '의식'이라는 6식, 거기에 유식학은 '나'라고 하는 아집, 즉 '자의식'이라는 7식말라식과 비행기의 블랙박스처럼 자기도 모르는 사이에 모든 것이 기록되는 '함장의식'이라는 8식아뢰야식을 밝혔습니다.

우리의 '마음'과 마음을 통해 짓는 '업', 업에 의해서 '윤회'한다는 것을 밝히기 위한 원리를 위해서 나온 것이 바로 유식학입니다. 의식 다음에 자의식과 함장의식을 밝힌 것입니다.

하지만 이 모든 의식의 바탕은 바로 '성품'이라는 겁니다. 내 마음속에 내재된 진리성, 그것이 성품입니다. 분별과 사량이 없는 상태인 것이지요. 불가에서는 분별과 사량이라는 '한 마음'을 꿈이라고 봅니다.

꿈은 분별과 집착의 결과

사람들은 다가올 일들에 대하여 꿈이나 또는 일상의 어떤 틀 속에다 갖다 맞추려는 경향이 있습니다. 스스로가 완전하지 못하니까 어딘가에 기대려는 습성 때문입니다. 마음이 약한 사람일수록, 자기 자신에 대한 확신이 없는 사람일수록 그런 심리는 더욱 강하답니다.

그러나 자기 확신과 주체가 강한 사람은 결코 불안하거나 어딘가에 기대려는 심리를 갖지 않습니다. 자신이 준비하고, 자신이 미래를 직접 맞기 때문입니다.

우주 전체를 지배하는 진리가 있습니다. 그것을 우리는 법신불, 기독교에서는 하나님이라 합니다. 때로 이것을 사람과 대비시켜서는 진리를 '대령큰 영'이라 하고, 사람은 '개령각자의 영'이라고 합니다.

깊이 잠들어 꿈도 없을 때 우리의 영지는 어디에 있을까요? 바로 대령에 합해 있는 것입니다. 법신불에 귀해 있는 것입니다. 흔히 본원자리에 합일해 있다는 말을 하는데 바로 그것입니다.

그렇지 않을 때, 우리는 분별을 하게 되고, 착심을 가져 항상 어딘가에 끌려다닙니다. 그래서 꿈도 없는 자리에 들어가야 하는데 분별 주착심에 의해 꿈을 꾸게 되고, 자기 확신이 없으니 꿈의 어딘가에라도 무언가를 맞추려 하는 나약함이 나오는 겁니다.

꿈… 말 그대로 한갓 허망한 것입니다. 꿈에 얽매이지 마십시오. 본원을 찾으십시오. 본원이 어디냐구요? 쉽지만 끊임없는 수행을 통해 확고하게 들어갈 수 있습니다.

꿈도 없는 상태

꿈도 없는 때 우리의 마음은 성품에 계합해 있다고 했습니다. 그게 어떤 상태일까요? 성품은 분별과 사량이 없는 절대 고요의 경지입니다. 그런데 경계에 요동치는 마음이라는 것이 있어서 이 성품의 존재를 못 느끼는 것입니다.

학교에 가면 흑판이 있지요. 본래 까맣거나 녹색인데 이곳에 선생님이 분필로 글을 쓰기 시작합니다. 하나씩 쓰다 보면 어느새 수업이 끝날 때쯤이면 흑판이 온통 많은 글씨와 그림으로 가득 차게 됩니다. 본래 텅 빈 흑판이 성품이라면, 흰 글씨로 빼곡히 차버린 게 현재의 중생심입니다. 하지만 지우개로 지우면 다시 텅 빈 흑판이 되지요. '성품과 마음의 관계'는 이러합니다.

우리 〈정산종사법어〉 원리편 12장에 보면 "성품은 본연의 체요, 성품에서 정신이 나타나나니, 정신은 성품과 대동하나 영령한 감이 있는 것이며, 정신에서 분별이 나타날 때가 마음이요, 마음에서 뜻이 나타나나니, 뜻은 곧 마음이 동하여 가는 곳이니라" 하였습니다.

그래서 한 마음을 쉬고, 의식 작용을 멈추면 성품에 계합하는 것입니다. 복잡해진 흑판 지우듯 흩어진 마음을 닦으면 성품에 계합하는 것입니다. 마음이 고요하고 두렷해지면 그것을 정신이라 하고, 그것은 분별과 주착이 없는 경지라 했습니다. 말만 어렵지 흑판과 분필 글씨와 같은 원리인 것입니다.

개꿈과 현몽의 의미

현실에서 분별과 주착이 강하게 나타나면 요즘 말로 '스트레스를 받는다'고 하지요. 이것이 더 강해지면 꿈속에서도 나타납니다. 나라의 운명을 알리는 꿈도 결국 나라에 대한 걱정을 하니까 나오는 것이지요. 태몽이라는 것도 아이를 가지려는 원이 있거나 때가 되니까 꾸는 것이지요. 결국 꿈이라는 것은 강한 분별 주착, 사량심 때문에 나오는 것입니다.

물론 현몽이라는 것은 분별을 하되 끊임없이 사리연마를 한 결과입니다. 어느 하나에 집착하여 오래도록 연마를 하면 그 답이 나오게 되어 있지요. 정성을 들여 어느 하나에 골똘히 의두를 연마하면 무심히 TV에서 나오는 말이 답으로 맞춰지기도 하고, 길에서 노는 아이들의 말 속에서 답을 얻기도 하고, 책이나 신문을 읽다가도 그 행간에서 답이 나오기도 합니다. 그처럼 현몽이라는 것도 결국 골똘히 어느 하나에 대한 정성스러운 고민이 계속될 때 우연히 다가오는 타력의 도움입니다.

'꿈도 없이 잠이 들었다'는 것은 마음이 텅 빈 상태이고 일원상의 진리에 합해 있다는 것입니다. 일원상 진리의 보편적인 속성은 '돈공 頓空'입니다. 그냥 한 공간이 텅 빈 것이 아니라 일체의 형상이나 분별심마저 쉬어버린 자리를 말합니다. 우리가 수행을 하는 것은 일원상 진리에 합일한 부처가 되기 위함입니다. 부처는 완전자이고 진리적인 사람입니다. 다시 말해 진리적인 삶을 살기 위함입니다.

성품을 지키는 것

우리가 부처로 산다는 것은 본래 맑은 진리적 삶을 사는 것입니다. 본래 맑은 진리적 삶은 분별 사량이 없는 성품에 바탕한 삶입니다. 평상시 분별 주착하지 않고 고요하고 두렷함을 회복한 삶이지요. 깨어 있을 때도 마찬가지이지만 잠들어 있을 때도 성품을 떠나지 않아야 합니다. 그래야 온전히 성품을 회복했다고 할 수 있지요. 본래 깨끗한 흑판의 상태 말입니다.

그러면 성품을 지키는 방법은 무엇일까요? 깊이 잠들어 꿈도 없는 상태가 되려면 평소에 어떻게 해야 할까요? 항상 성품에 계합해 있는 상태를 유지해야겠지요.

성품을 지키는 방법

성품을 원불교에서 다른 말로 표현한 것이 뭡니까? '정신'이지요. 정산 종사님은 "성품과 정신은 같은 말이나 정신이라는 말이 더 영령한 감이 있다"고 하셨습니다 원리편 12장.

그러면 '성품을 지킨다'는 말은 '정신을 수양한다'는 말과 같다고 할 수 있겠지요.

수양이라는 것이 뭡니까?

안으로는 분별과 주착, 뭐든지 분석하고 나누어보는 것을 분별이라 하고, 어느 하나에 끌려 착 달라붙는 것을 주착이라 하지요. 이 분별과 주착, 나누어보는 것과 착 달라붙는 이것을 없애야 합니다.

그리고 밖으로는 마음을 산란하게 하는 경계에 끌리지 않아야 합니다. 무관사 부동, 나와 상관없는 일에는 움직이지 않는 묵묵함이 필요합니다.

그래서 대종사님께서 그 대표적인 방법으로 제시하신 것이 염불과 좌선입니다. 정기훈련 11과목 중 정신수양의 과목이기도 하지만 상시 응용 시 주의사항에서도 새벽이나 살림을 마친 석반 후에 염불·좌선하기를 주의하라고 하셨습니다.

잠자기 전 요란한 마음을 가지고 잠들면 잠자리도 요란하고, 깨어나서도 개운하지 않지요. 마치 먼지 속에 잠드는 것과 같습니다. 염불과 좌선을 하는 것은 분별과 주착을 없애고, 경계를 제거해서 흩어진 마음을 하나로 모으는 것입니다. 그래서 진리에 합일하기 위해서, 성품에 합일하기 위한 것입니다.

생활 속의 실천

먼저 '염주를 잘 굴리자'고 당부드립니다. 염주 한 알 한 알에 번뇌를 실어 닦아내십시오. 나무아미타불 염불을 하시고, 일원상서원문이나 반야심경과 같은 부처님의 위력 있는 법문을 독경하십시오. 번뇌가 사라지고 한 마음이 모이는 것을 체험하게 될 것입니다.

다음은 '입정入定'을 하십시오. 큰 호흡을 하라는 겁니다. 좌선이 별다른 것이 아닙니다. 큰 그릇에 담긴 번뇌 망상을 비우고 또 비우는 것입니다. 일을 당하여 당황하지 않고 안정적인 마음을 만들어 차분하게 일을 처리하게 할 것입니다. 시간이 나는 새벽엔 긴 좌선을 하시고, 일 일마다 심호흡을 하시고 잠깐씩 입정을 하시면 성품에 계합한 안정을 줄 것입니다.

마지막으로 서원을 세워 '기도'를 하십시오. 내가 지향해야 할 궁극적 서원을 하나 세우십시오. 불자들은 성불제중으로 대해탈의 서원을 세우겠지요. 아침·저녁으로 조석 심고를 하면 모든 작은 일들은 거기에 녹아 큰 서원으로 합해 일이 순리자연하게 풀릴 것입니다. 또 기한을 세워 기도식도 올려보십시오. 성품이 더욱 빛을 발할 것입니다.

이같이 하면 평상의 생활도 진리적인 부처의 삶이 될 것이요, 잠잘 때 꿈도 없는 성품의 경지에 합일하게 될 것입니다. 사람이 깊이 잠들어 꿈도 없는 때, 우리의 아는 영지는 성품에 합일하여 부처의 삶을 계속 유지할 것입니다.

일체유심조(一切唯心造)

일체가 다 마음의 짓는 바라 하였으니 그것이 무슨 뜻인가?

의두요목 11조인데요, 일체유심조(一切唯心造)라는 불가에서 가장 유명한 화두입니다.

수시로 변화하는 마음

어느 해 영산성지 삼밭재에 기도를 하기 위해 올라갔습니다. 막 올라가서 거친 숨을 몰아쉬며 마당바위에서 잠시 쉬고 있는데 등산복을 입은 두 사람이 반대쪽 길에서 배낭을 메고 왔습니다. "반갑다"는 인사를 건넸더니 그분들도 반가워하시면서 장갑을 벗고 악수를 청하셨습니다.

반갑게 악수를 하고 "어떻게 오셨느냐?"고 물었습니다. 그분들은 영광군 묘량면에 사는데 옥녀봉에 춘란을 캐러 왔다고 말했습니다. 성지의 춘란은 옥녀봉에 많이 자생하고 있는데 무척 유명하지요. 그러시면서 배낭을 열어 자신들이 캔 난을 보여주었습니다.

이야기를 이어갔는데 자신들은 축산, 즉 돼지를 키우면서 틈 나는 대로 난을 캐서 이것을 상품화하여 마을 공동 수익을 올린다고 합니다. "어느 마을인데 개인 수익을 올리지 않고 이처럼 마을이 공동으로 수익을 올리며 사느냐?"고 물었습니다. 그랬더니 "묘량의 음성 나환자촌"이라고 답했습니다.

그 말을 듣는 순간 악수를 할 때 장갑을 벗은 이분들의 손이 이상했다는 생각이 들었습니다. 손가락이 하나씩 없었고, 손이 하얀 반점과 함께 많이 일그러져 있던 것이 생각났지요. 처음 악수할 때는 '고생을 많이 하신 분들이구나' 하고 별 생각을 안했는데, 나환자촌에서 왔다는 말을 듣자 순간, 얼굴이 하얗게 질리며 제 손이 걱정되었습니다.

예로부터 천형天刑이라 하여 문둥병을 옮기기 때문에 이들을 격리했던 것이 생각났기 때문입니다. 과거 우리나라에서는 문둥병 환자들을 한 때 집단으로 불태워 죽인 일도 있었지요. 바로 표를 낼 수는 없어 이 분들과 이야기를 하면서도 자꾸만 '내 손이 괜찮나?' 하는 생각만 했습니다. 괜히 손바닥이 가려워지는 것 같고 말입니다. 이 분들이 산을 내려가고 나자 삼밭재 우물터에서 손을 씻고 또 씻었습니다. 한창을 정신없이 씻다가 부끄러운 생각이 들었습니다.

소록도에 가서도, 다른 나환자촌에 가서도 전염이 안 되니까 악수하고 등 두드려주어도 된다는 의료진의 설명을 듣고 그렇게 격려를 해주었던 나였는데 한순간 까맣게 이를 잊고 엉겁결에 묘량 나환자촌에서 왔다는 그 소리에, 준비없이 당한 일에 호들갑을 떠는 자신을 발견했기 때문입니다.

근본 마음 찾기

원효대사의 해골 물 생각이 났습니다. 세상의 모든 것은 그 대상에 있는 것이 아니라, 마음을 어떻게 가지느냐에 따라서 변화될 수 있다는 것이지요. 모든 것은 마음이 짓는다는 '일체유심조一切唯心造'는 화엄경에 나오는 말입니다.

인간의 마음과 감정은 변화무쌍합니다. 나에게 다가오는 대상이나 사람에 따라서 수시로 변하지요. 내가 싫어하는 사람이나 나에게 피해를 준 사람을 보면 피하고 싶고, 내가 좋아하는 사람이나 반가운 사람을 만나면 같이 있고 싶고 식사라도 함께 나누고 싶은 것이 우리 인간의 감정이고 마음일 것입니다.

우리 인간 마음의 주체는 '나'입니다. 하지만 '나'의 존재는 참으로 불완전하고 부족한 존재입니다. 때문에 우리는 끊임없이 내 안에서 나를 중심으로 생각하고, 말하고, 움직이는 것을 바꾸어가야 하는 것이지요. 부족한 나는 바로 분별하고 착심을 가지기 때문입니다. 그래서 분별과 착심에 가리워진 마음을 무명無明에 가리워 있다고 합니다. 그러니 이 무명을 걷어내면 지혜가 솟는다, 본래 마음이 드러난다고 하는 것이지요.

이 본래 마음을 드러내기 위해서 우리는 수행을 합니다. 원불교에서는 수행을 '마음공부 한다'고 표현을 합니다. 무명에 가리운, 분별 집착에 사로잡힌 마음을 되찾기 위한 공부를 한다는 말입니다. 이것을 한자로 압축을 하면 용심법用心法, 즉 마음 사용하는 법이라고 합니다.

대령과 개령

그럼 마음이란 무엇이고, 진리와의 관계는 무엇일까요?

우리가 기도 때 외우는 청정주에 '태화원기성일단'이라는 말이 있습니다. 태화太和란 '크게 화동하는 것'이란 말인데 '진리가 이 세상에 가득한 상태'를 말합니다. '진리가 가득한 상태', 즉 '진리의 큰 덩어리'를 다른 말로 '크게 신령스러운 것'이라 해서 '대령大靈'이라고 합니다. 그리고 그 대령이 사람을 통해서 개별적인 영으로 나타나는 것을 '개령個靈'이라고 합니다.

'대령과 개령'의 관계를 이해하면, '진리와 마음'의 관계를 이해할 수 있습니다. 즉, 진리의 큰 덩어리인 '대령'이 개별적인 사람으로 태어날 때 마음이라는 것이 있어서 '개령'으로 표현되어 나타납니다. 진리와 사람이 하나라는 말은 바로 '마음'이라는 것 때문입니다.

대령과 개령은 나타난 표현의 차이일 뿐이지 본래 같은 것입니다.

120

마찬가지로 진리와 사람도 분별의 세계에서 보니까 모양이 다른 것이지 본래 같은 것입니다. 바로 사람에게 있는 마음이라는 것이 진리이기 때문입니다.

다만 사람이 나고 자라면서 분별과 주착住着에 의해 마음이 오염되어 진리에서 벗어나 있기 때문에 다른 것으로 보일 뿐입니다. 그래서 '마음공부'를 통해 분별 주착 이전의 본래 마음을 회복하자는 것입니다. 마음이 분별 주착한 자리를 벗어나 본래자리를 회복하면 그 자체가 진리가 되는 것입니다.

이처럼 대령과 개령의 관계를 이해한다면, 마음이 또 하나의 진리요, 사람이 소우주로서 진리 당처인 것을 알 수 있습니다.

'진리'를 불교에서는 법신불, 기독교에서는 하나님, 도교에서는 태극이라고도 하는데 이것이 곧 사람마다 가지고 있는 '마음'과 다름 아닌 말입니다. 그래서 '일체유심조'라 모든 것은 마음이 작용하고 만든 것이란 뜻입니다.

〈정산종사법어〉 원리편 15장에 보면 "대령과 개령과의 관계는 어떠하나이까?" 하고 묻는 말에 답하시기를 "마음이 정한 즉 대령에 합하고, 동한 즉 개령이 나타나는 것이니, 정즉합덕静則合德이요 동즉분업動則分業이라, 죽어서만 대령에 합치는 것이 아니라 생사일여니라" 하셨습니다.

유심과 유물

또 정산종사법어 경의편 40장에 보면 "귀교는 유심입니까, 유물입니까" 하고 묻자 답하시기를 "물심일여物心一如로 보나니, 우주 만유의 본체는 물과 심이 둘이 아닌 동일체이나 운용하는 데 있어서는 심이 체體가 되고 물이 용用이 되나니라"고 하셨습니다.

일체유심조라 하니까 유물론자들이 유심이라는 말 때문에 불교를 비판하곤 했습니다. 특히 마르크스와 레닌이 유물론을 설파한 이래 지금의 공산권 나라들이 이 유물론을 받아들여 세상의 모든 것은 물질이고, 사람도 물질일 뿐인데 그 물질의 변화에 의해 사람도 변화하는 거라는 겁니다.

한때 운동권에 있는 사람들이 이 유물론을 받아들여 그것에 의해 세상을 바꾸려고 노력했습니다.

하지만 어때요?

사상적 진화가 없었던 근본적 사회주의권은 몰락의 길을 걸었습니다. 물질과 마음의 결합으로 진화했던 북한의 주체사상도 독재의 이용도구로 전락하고 말았습니다. 과거 치열했던 운동권의 양상도 사람과 생명의 본질을 구현하기 위해 노력하는 시대로 바뀌고 있습니다. 한때를 풍미했던 유물론은 수정과 진화를 할 수밖에 없었고, 다시금 사람의 마음을 찾기 위한 노력이 계속되고 있습니다.

바야흐로 그 당시 고리타분하다 여겼던 정산종사의 법문이 깊은 맛을 우려내고 있습니다.

마음고향 찾아가기

이 마음을 찾기 위해서는 수행이 필요하다고 했고, 또 수행을 통해서 본래 마음을 찾아야 한다고 했지요. 성품과 정신, 그리고 마음은 어떻게 다를까요? 같은 것 같기도 하고 애매하지요?

"성품은 본연의 체요, 성품에서 정신이 나타나나니, 정신은 성품과 대동하나 영령한 감이 있는 것이며, 정신에서 분별이 나타날 때가 마음이요, 마음에서 뜻이 나타나나니, 뜻은 곧 마음이 동하여 가는 곳이니라."

학인이 묻기를 "영혼이란 무엇이오니까."

답하시기를 "영혼이란 허령불매한 각자의 정신 바탕이니라." 〈정신종사법어〉 원리편 12장

어때요 더 어렵습니까? 정신이나 성품이나 같은 말인데 정신은 조금 더 동적이지요. 그리고 분별하기 시작하는 상태가 마음이구요, 마음이 움직여서 가는 곳을 뜻이라 합니다.

정전에는 정신을 더 분명하게 말씀하셨습니다. 마음이 두렷하고 고요하여 분별성과 주착심이 없는 경지를 '정신'이라고 했지요. '분별'은 뭐예요? 뭐든지 나누어보는 것. '주착'은? 어느 하나에 콩깍지가 쓰여 딱 달라붙어 있는 것. 분별 때문에 니 편 내 편이 생기고, 착심 때문에 자유롭지 못하지요.

한마디로 마음에서 이 분별과 주착을 없애는 것이 정신수양입니다. 분별과 주착심 때문에 마음거울이 흐려지지요? 그래서 분별과 주착을 없애면, 마음거울을 잘 닦으면 마음이 고요하되 두렷해져서

선명해지지요. 그것이 정신수양입니다. 그것이 본래 마음이구요.

전지전능과 마술

우리가 정신수양의 방법으로 좌선과 기도와 염불과 독경을 하는 것은 모두 좁은 마음을 넓히고, 흩어진 정신을 모으는 것입니다. 이 무기가 용이 되기 위해 1천 년을 웅크리고 있듯 이런 보림 함축_{나가대}정을 통해 영주靈呪에 나오는 것처럼 천지의 신령스런 기운, 즉 영기와 하나가 되려는 것입니다. 그러면 동정일여가 되지요. 움직이되 분별이 절도에 맞고, 정하되 진리의 체성에 합일하는 경지에 들어갑니다. 또 생사해탈을 하여 나고 죽음에 끌리지 않습니다.

영기합일, 동정일여, 생사해탈… 이것 때문에 정신수양을 하는 겁니다. 이것이 '전지전능'입니다. 비둘기도 만들고, 눈가루도 만들고, 국수도 만들고, 만리장성을 사라지게 하는 것… 이것은 전지전능이 아니고 '마술'입니다.

정신수양은 '나' 스스로가 전지전능한 조물주가 되라는 말씀입니다. 뭐든지 내 마음대로 할 수 있는 것, 서양 사람들은 알라딘의 램프라고 생각했고, 동양 사람들은 여의주라고 생각했습니다. 한마디로 정신을 수양하면 알라딘의 요술램프 주인이 됩니다. 용이 입에 물고 있는 여의주의 주인이 됩니다.

능심(能心) 비법

부귀 빈천, 길흉, 화복도 다 마음을 어떻게 먹고 사느냐에 따라 달라지지요? 또 업을 지어 육도 윤회하는 것도, 즉 진급하고 강급하는 것도 결국은 마음을 어떻게 먹고 쓰느냐에 따른 것이지요. 이처럼 일체가 마음의 짓는 바에 따라 결과가 나타나므로 일체유심조라 하신 것입니다.

그런데 원불교의 교리는 바로 진리의 분체인 '나'를 어떻게 길들이고_{수행}, '내'가 어떻게 다른 것과 관계하며 잘 살 것인가_{신앙}를 가르치고 있습니다. 여기서 '나'라고 하는 것의 주체가 바로 마음인 것이지요. 그래서 모든 것이 다 마음의 짓는 바이니, 이 마음을 잘 보고, 길들여서 잘 쓰자는 것이 바로 마음공부입니다.

일체유심조의 뜻을 알고 실천하는 것은 바로 원불교 교법을 잘 알아서 실천하자는 것에 다름이 아닌 것입니다. 대종사님께서는 "조물주가 따로 있는 것이 아니라 각자의 조물주는 각자!"라고 하셨습니다. 우리 영생의 행복과 불행은 현재의 내가 마음을 어떻게 쓰고 짓느냐에 따라 결정지어진다는 이치를 잘 아시겠습니까?

이어지는 기도정성
법계인증 무궁할사
法認花

법인화(法認花)

어느 종교나 법계의 인증이 있다.
하지만 법인 성사들은 기적이 아니다.
기도 정성 이어지면 법계의 인증은 계속된다.

마음이 곧 부처

마음이 곧 부처라 하였으니 그것이 무슨 뜻인가?

오늘은 의두요목 12조에 대해서 공부를 하는 날입니다.

부처는 밖에 있다?

종교 중에 가장 오래되었다고 하는 힌두교는 원래 절대자브라만를
밖에서 찾았습니다. 기복적인 것은 다 그렇습니다. 밖에 불상을 만들
어놓고 비는 것이지요.

그러다가 힌두교가 비약적으로 발전하는 것은 우파니샤드 시대에

와서입니다. 우파니샤드는 '절대자브라만와 자아아트만의 본질은 같다'고 하면서 '절대자가 내 안에 있다'고 합니다. 후에 불교가 이 사상을 받아들이지요.

다시 말해 '절대자, 즉 진리는 내 마음과 본질이 같다'는 것이지요. 진리는 세상 어디나 어느 사물 안에나 다 있는 것인데, 바로 우리 사람 안에 있는 진리를 일컬어 우리는 '마음'이라 합니다.

한마디로 '마음이 부처'라는 사실의 진원지는 사실상 우파니샤드 철학에서 비롯되었다고 볼 수 있습니다.

부처는 안에 있다!

석가모니 부처님은 당시에 횡행하는 기복성을 보시고 "절대자진리, 브라만를 내 안에서 찾으라"고 하셨습니다.

하지만 불교는 석가모니 부처님의 뜻과는 달리 절대자를 계속 밖에서 찾는 경향으로 흘러갔습니다. 불법승 삼보에 공경을 바치는 것이 그렇고, 사홍서원을 외는 것이 그렇습니다. 그런데 이게 33조, 즉 중국의 6조인 혜능에 와서 또 일갈을 당합니다. 혜능은 "삼보와 사홍서원도 내 안에서 찾으라"고 합니다. 그리고는 선불교의 기치를 확립하지요.

후래 불교학자들은 석가모니의 발언을 '1차 코페르니쿠스적 전환'이라 하고, 혜능의 발언을 '2차 코페르니쿠스적 전환'이라 합니다. 불교 안에서 마음이 부처임을 일깨우는 획기적 전환이라는 것이지요.

한마디로 '마음이 부처'라는 말은 '절대자가 마음이니 그 경지를 알라'는 말입니다. 이걸 알면 마음을 가지고 있는 내가 곧 조물주요, 신이요, 여의주를 소유한 사람이라는 걸 알게 됩니다.

자, 참마음을 찾아 떠나볼까요?

참마음은 어디에?

마조 스님이 출가를 해 스님이 되어 선을 배우고 중국 각지의 불교 성적지를 순례했습니다. 그러다가 후난성湖南省 남악南岳이라는 곳에 이르자 거기 머물며 좌선에 전력을 기울였습니다.

남악에는 회양이라는 유명한 고승이 살고 있었습니다. 마조 스님은 당시까지는 일개 수행승이었지요. 그런데 어찌나 열심히 좌선을 하고 앉아 있던지 도무지 바깥출입을 하지 않고 정진을 하니까 주변 사람들이 "큰 법기다" 하고 수근 거리기 시작했지요.

어느 날, 회양 스님이 이 마조 스님이 있는 곳으로 가서 묻습니다. "그대는 어찌하여 좌선을 그렇게 열심히 하는가?"

그러자 마조 스님이 답을 해요. "불성佛性을 얻기 위함입니다."

불성이 뭡니까? 한마디로 '깨달음'을 얻으려 한다는 말이지요. 중생인 자신과 다른 '부처의 성품'을 얻고자 한다는 말입니다. 그래서 그렇게 다리를 틀고 열심히 좌선을 한다는 말입니다.

깨달음이나 부처의 성품이 얻어지는 겁니까? 부귀나 명성이나 권력은 다 밖에서 얻어지는 것이지요? 하지만 불성, 즉 부처의 성품은 밖에서 얻어지는 것이 아닙니다. 기억하는 겁니다. 본래 안에 있는데 잊어 먹고, 안 보고 사니 그것을 다시 기억하는 겁니다. 마조 스님은 그걸 몰랐나보죠?

기와로 거울 만들기

불성을 얻기 위해 좌선을 한다는 마조 스님의 이야기를 들은 회양 스님은 갑자기 마당 한쪽에 떨어져 있는 기왓장 하나를 주워다가 갈기 시작합니다.

"아니 기왓장은 왜 가십니까?"

그러자 회양 스님은 "잘 갈아서 번들거리면 거울로 사용하려고 하네" 하고 말합니다.

마조 스님이 말하지요. "아니 아무리 잘 간들 기왓장이 어찌 거울이 될 수 있습니까?"

그러자 이 말이 끝나기가 무섭게 "기왓장이 거울이 안 되듯 좌선만 한다고 부처가 되겠는가?" 하고 말합니다.

법당의 부처님을 흉내 내어 가부좌를 틀고 앉아 있다고 부처가 될 수 없다는 거지요. 기와를 갈아 거울을 만드는 것과 같이 어리석은 일이라는 겁니다. 멀쩡한 마음을 갈아 부처를 만들려 한다는 겁니다.

예로부터 선가에서는 제자에게 깨우침을 주기 위해 독특한 방법을 쓰곤 합니다. 도가 뭐냐고 물으면 괴성을 지른다든지, 막대기로 후려친다든지 하는 방식 말입니다.

너 참 우습구나!

우리의 성품은, 참마음은 그 자체가 거울입니다. 그저 비출 뿐이지 반응을 하지 않습니다. 거울 앞에 서면 예쁘다, 밉다 이야기합니까? 그건 밉상이니 이렇게 고쳐봐라 그러나요? 다만 비출 뿐이지요. 여러 사람이 오가는 터미널에 있는 거울 앞에 서 보세요. 앞 사람이 누구였다고 알 수 있습니까? 누가 누가 다녀갔는지 흔적이 있습니까? 거울 앞으로 사물이 오고 가지만 거울에 어떤 흔적도 남지 않지요?

거울은 비추기만 할 뿐 반응을 하지 않습니다. '불성', 즉 '참마음'이 그런 것입니다. 바로 거울과 같은 것입니다. 그런데 거기서 분별이 나타나 '거짓 마음', '움직이는 마음'이 나타나지요. 한마디로 '중생심'이라는 것입니다. '중생의 마음'은 참마음, 즉 불성과 달리 반응을 하고, 흔적을 남기지요.

하지만 '참마음', '불성'은 거울처럼 비어 있습니다. 분별이 쉬어 버리면 그게 불성인데 불성을 들고도 이걸 갈고 가는 모습이 우습다는 게 회양 스님의 말입니다. 이미 불성을 갖고 있는데 그것을 애쓰며 구하는 모습이 우습다는 말입니다.

활불이 되어야지!

"그러면 어찌 해야 합니까?" 하고 마조 스님이 되묻습니다.

회양 스님은 "소가 수레를 끌고 가는데 수레가 가지 않으면 수레를 때려야 하는가 소를 때려야 하는가?"

이 말에 마조 스님은 크게 깨쳤다고 합니다. 진정한 불성을 찾는 것, 부처의 성품을 찾는다고 부처님을 흉내 내어 가부좌를 틀고 좌선만 하고 있는 것이 아니란 걸 깨달은 것이지요.

부처님처럼 되고자 법당의 부처님처럼 가부좌를 틀고 앉아 있으면 되는가요? 그건 조각된 부처, 죽은 부처입니다. 불상이란 부처님을 기리기 위해 만들어놓은 상에 불과하지요. 오죽 답답했으면 한 스님이 깨달음을 묻는 제자에게 "살불살조殺佛殺祖, 부처와 조사가 내 앞에 있다면 모두 죽이겠다"고 하셨겠습니까? 부처님의 외형적인 모양새와 진리를 전달할 뿐인 문자에 묶여法縛 더 나가지 못하는 모양새를 보고 하신 말씀입니다.

좌불을 흉내 내서 부처의 모양새만 취하는 것은 정말로 부처님을 죽이는 일입니다. 이미 2500년 전에 가신 부처님을 두 번 죽이는 것이지요. 부처님은 우리에게 참마음을 깨쳐 살아 움직이는 부처가 되라고 하십니다. 생불, 활불이 되라고 하십니다. 대종사님은 실상사 부처님께 불공드리는 노인이 아니라 며느리에게 불공드리는 생불이 되라고 하십니다.

자~ 마조 스님과 회양 스님의 대화를 통해 진리와 마음을 정리해보겠습니다.

깨달음은, 즉 진리는 특별한 형태도 없고, 특별한 장소에만 있는 것도 아닙니다. 무소부재한 것이니 모든 것에 다 이어져 있습니다. 따라서 사람의 몸을 하고 있으면 거기에도 이어져 있지요. 다만 우리가 분별을 함으로 인해 애써 밀어냅니다. 그러면 이어지지 않지요.

진리가 우리에게도 충만함을 알아야 합니다. 우리 각자 각자의 사람에게 충만해 있는 진리, 그것을 '성품'이라 합니다. '참마음'이라 하는 거지요.

성품에 대해서, 참마음에 대해서 더위를 잡으시겠어요?

마음은 무엇인가?

깨친 마조 스님이 개원사에 계실 때입니다. 법상이라는 스님이 찾아와 단도직입적으로 물었답니다.

"스님 부처가 뭡니까?"

마조 스님은 한마디로 "마음이네!" 하고 답했습니다.

여기서 '심즉불心卽佛, 마음이 부처'라는 화두가 유래됐다고 볼 수 있습니다.

법상이 또 묻습니다.

"그럼 마음이 뭡니까?"

참 귀찮기도 합니다. 여러분은 뭐라고 하시겠어요? 마조 스님은 "어린애가 울음을 그치는 것"이라고 답합니다.

어린애가 울음을 그치는 것? 순진한 어린애가 우는 것은 이제 '분별'이 시작되기 때문이지요? 떼를 쓸 때 울고, 자기에게 주목해달라고 울지요. 울음을 그친다는 것은 '본래 모습'으로 돌아온다는 말이지요. 분별이 쉬어버린 참마음을 마조스님은 이렇게 어린애가 울음을 그치는 것이라고 했습니다.

법상이 짓궂게 또 묻습니다.

"어린애가 울음을 그치면 어떻게 됩니까?"

그러자 마조 스님은 "비심비불非心非佛, 마음도 아니고 부처도 아니네." 하고 말합니다.

법상에게 난리가 났지요? 실컷 마음이라는 것이 어린애가 울음을 그치는 것이라 해놓고, 울음을 그치면 마음도 아니고 부처도 아니라고 하니 말입니다.

집착하는 순간 '끝!'

울음을 그치고 났을 때 그게 '본래 모습'이라고 했지요. 그런데 본래 모습은 모습이나 말로 형용을 못하는 것입니다. 만약 그것을 '마음'이라 한다면 거기에 집착을 하기 때문입니다. 어린애가 울음을 그쳤을 그 순간이 본래 마음이긴 하지만 본래 마음이 어디 그 한 모습인가요? 바로 집착을 경계하기 위해서 '비심非心'이라고 한 겁니다.

마찬가지로 부처라 하면 또 거기에 집착을 하기 때문에 '비불非佛, 즉 부처가 아니다'고 한 겁니다. 어린애가 울음을 그친 순간, 분별을 그친 순진무구한 그 순간이 부처이긴 하지만 부처가 어디 그 한 모습인가요? 부처가 불상처럼 가부좌를 틀고 있는 한 모습만 있나요? 어느 하나에 집착을 하기 때문에 '비심비불非心非佛이라, 마음도 아니고 부처도 아니다'고 하신 거지요.

그래서 〈노자 도덕경〉에 "도가도면 비상도요, 명가명이면 비상명이라道可道 非常道 名可名 非常名 … 도를 도라고 하면 그때부터는 도가 아니요, 사물에 이름을 지어 그 이름을 부르기 시작하면 그때부터 본질을 잃는다"는 말이지요.

진리… 살아 숨쉬다

약이 오른 법상이 또 묻습니다.

"본래 모습이 뭡니까?"

마조 스님이 말합니다. "봄볕이 따뜻하니 경치가 아름다워 소년들이 거리에서 노니는 것이다. 은쟁반에 잔치 벌이고 즐겁게 노니 어린 애들이 공차고 놀더라."

그리고는 홀연히 봄볕을 쐬러 밖으로 나가십니다. 분별 주착에 물들지 않는 그 자리가 본래자리이고 이게 참마음이라는 거지요?

어찌 마음의 실체를 알겠습니까?

마조 스님의 사상은 '보통의 평범한 마음이 곧 도'라는 '평상심시도 平常心是道'라는 말로 대변됩니다. 마조 스님은 새삼스럽게 닦을 필요가 없는 것이 도라고 하면서, 다만 무언가를 이루고 어딘가로 향하고자 하는 것을 오염된 것이라 하여 경계했습니다.

마조 스님은 마음이라는 것이 추상적이고 형이상학적인 사고의 틀 속으로 도피하는 것을 거부하고, 그의 말대로 '우는 아이를 달래어 울음을 그치게 하는 돈止啼錢'과 같은, 현실에서 직접적으로 살아 숨쉬는 진리를 주장했습니다. 말하자면 마조 스님은 개별적이고 구체적인 현실 속에 담겨 있는 보편적 진리 파악을 강조한 셈이지요. 진리신앙과 실지불공을 주창하신 대종사님과 많이 닮은 데가 있으시지요?

마음이 곧 부처이니

정리해봅시다.

마음은 분별성과 주착심을 일어내는 작용체입니다. 분별하는 것과 착심을 쉬어버리면 참마음, 즉 부처의 성품이 되는 것이지요.

부처라는 말은 '깨달은 사람'을 뜻하는 말인데요, 뭘 깨달은 걸까요? 분별과 주착을 내느냐 쉬느냐에 따라 중생과 부처로 된다는 사실, 이러한 마음의 원리를 깨달아 마음을 다스릴 줄 아는 사람을 부처라고 합니다. 그래서 부처는 끌려가지 않습니다.

다시 말해 '마음이 부처'라는 말은 '마음을 잘 다스려야 한다'는 말입니다. '마음을 잘 다스린다'고 하는 것은 고스란히 '원불교 신앙과 수행을 잘 하라'는 말과도 같습니다. 원불교 신앙은 나와 만나는 모든 인연을 다 부처로 잘 받들라는 말이고, 원불교 수행은 나를 잘 다스려 나를 부처로 만드는 것입니다. 그러기 위해 원불교에서는 마음 다스리는 공부를 하는 것이고, 마음공부를 하면 부처가 되는 것이지요. 한 마음 잘 쓰면 부처가 되는 것이고, 한 마음 잘못 일어내면 중생의 나락으로 떨어지는 것입니다. 마음 하나가 중생과 부처를 갈라 놓지요?

한 번도 부처의 마음을 일어내지 못하세요? 그러면 보통급입니다.

어쩔 때는 부처가 되었다가도 어쩔 때는 중생이 되기를 끊임없이 반복하나요? 법마상전급이십니다.

중생의 마음보다 부처의 마음이 더 많이 나세요? 그러면 이제 법강항마위, 성인으로 진입하시는 겁니다.

그래서 마음이 부처라고 하는 겁니다.

한 마음에 묶이지 말라

모든 중생의 윤회되는 것과
모든 부처님의 해탈하는 것은
그 원인이 어디에 있는가?

오늘은 의두요목 13조에 대해서 공부를 하는 날입니다.

생로병사의 비밀

요즈음 KBS의 '생로병사의 비밀'이란 프로그램이 인기입니다. 우리의 인생은 보통 '나면서부터 죽을 때까지의 과정'으로 풀이되곤 합니다. 나는 순간부터 한 번 활짝 폈다가 죽어가는 과정이지요. 그런데 잘 죽기가 쉽지 않습니다. 때문에 건강을 기원하고 유지하는 것은 참으로 중요한 일입니다. '생로병사의 비밀'이란 한생을 살아가는 인간의 육신을 분석하고 건강하게 살아갈 수 있도록 합니다.

잘 죽기 위해 생로병사의 비밀을 알아서 이 육신에 불공을 드려야 하는 것은 당연합니다. 그런데 '죽고 나면 끝인가?' 하는 것이 우리가 던져봐야 할 궁극적 질문입니다.

윤회

일원상 법어에 보면, "생로병사의 이치가 춘하추동과 같이 되는 줄을 알라"고 하셨습니다. 춘하추동, 겨울이 되면 모든 것이 끝인가요? 모든 잎들이 자연으로 돌아가고 황량한 벌판과 너무나 추워 생물들도 움추러드는 겨울은 종말입니까? 또다시 봄이 오고, 춘하추동을 반복합니다. 이처럼 인생의 생로병사도 춘하추동처럼 반복됩니다.

모든 것이 다 죽지만 늦가을에 받아둔 씨앗 한 줌이 다시 새싹을 피워 똑같은 꽃과 나무가 되듯, 우리의 인생도 마찬가지입니다. 이 육신은 가지만 영원히 멸하지 않는 그 무엇이 있어서, 유전인자를 가진 씨앗이 똑같은 꽃과 나무를 피워 내듯 다시 새 몸을 가지고 태어나 생로병사를 반복하는 것입니다. 이것을 '윤회輪回'라 합니다.

윤회의 비밀

윤회의 비밀은 '나'라고 하는 생명이 '영과 육'으로 되어 있다는 사실에서 출발합니다.

우리는 흔히 보이는 세계에 집착을 합니다. 그래서 나와 너라는 것도 우선 눈에 보이는 이 육신만을 가지고 판단을 합니다.

하지만 한 번 보고, 두 번 보고 자꾸만 보게 되면 눈에 보이는 육신 말고 그 사람의 인품과 인격, 성정에 대해서 생각을 하게 되지요. 그것은 어떻게 형성이 됩니까? 영(靈)이라는 것인데 바로 한 마음을 이야기합니다. 한 마음의 선택과 지향하는 바에 따라 그 사람의 인격과 인품, 성정이라는 것이 형성됩니다. 이처럼 '나'는 영과 육으로 되어 있다는 사실입니다.

춘하추동을 보낸 나뭇잎이 새싹에서 단풍으로 단풍에서 낙엽으로 변해 썩어 없어지면 끝이 아니고, 새봄에 다시 싹이 나고 열매를 통해 새로운 나무나 꽃이 되듯이 우리의 육신도 생로병사의 과정을 거치면 썩어 없어지지만 이 영(靈)이라는 한 마음을 통해 새 몸을 받게 되는 겁니다. 이것이 윤회의 비밀입니다.

진리가 펼치는 윤회

진리는 두 가지 속성이 있습니다. 하나는 영원하다는 겁니다. 진리는 결코 멸하지 않지요. 또 하나는 인과가 분명하다는 사실입니다.

하나의 원인이 있으면 반드시 그에 따른 변할 수 없는 결과가 있다는 겁니다. 그래야 영원할 수 있지요. 그래서 진리는 분명한 인과의 속성과 영원하다는 불멸의 속성을 가지고 있지요.

윤회의 비밀은 바로 이 진리의 속성을 따릅니다.

① 나무와 풀과 꽃들이 겨울이 되면 모든 것이 다 멸하는 것 같지만 새 봄이 오면 다시 똑같이 푸르고 아름답게 피어나 영원히 계속됨의 이치를 알려주지요. 인간도 늙고 병들어 육신이 죽으면 모든 인생이 끝나는 것 같지만 멸하지 않는 그 한 마음을 따라 다시 새 몸을 받아 새로운 인생이 펼쳐집니다. 그것이 바로 진리의 영원한 속성, '불생불멸의 진리'입니다.

② 그리고 나무와 풀과 꽃이 저절로 자라납니까? 여기에 어떤 정성을 들이느냐에 따라 달라집니다. 난에 정성을 들여주면 예쁘고 향기로운 꽃이 피지만 정성이 없어 돌보지 않으면 난은 꽃을 피우지 않습니다. 농부가 논밭에 정성을 들이면 곡출의 수확이 좋을 것이요, 그렇지 않으면 남들보다 훨씬 적은 곡출을 얻습니다. 마찬가지로 사람도 이 생을 살아가며 선업을 많이 지으면 새 몸을 받을 때 인연도 좋고 건강하고 수려한 용모를 받을 것이요, 악업을 많이 지으면 또 그에 맞는 몸을 받거나 사람 몸을 못 받는 경우도 생길 것입니다. 그것이 바로 호리도 틀림없는 인과의 속성, '인과보응의 진리'입니다.

중생의 윤회하는 비밀은 바로 이 진리의 속성을 따라 되는 것입니다. 영원한 세상에 인과를 따라 육도를 거래하는 것이 바로 중생의 윤회하는 비밀입니다.

윤회와 해탈

사람이 죽어 인과에 따라 다시 6가지 세계육도로 태어난다는 것이 고래 인도의 세계관입니다. 불가에서 이것을 계승했지요. 어떻든 윤회는 인과에 따라 육도를 거래하는 것이라 했습니다. 영원한 불생불멸의 진리가 있어서 가능한 일이지요. 무엇이 영원한가요? 유효기간 1백 년짜리 눈에 보이는 육肉… 이 가죽주머니가 아니라, 바로 보이지 않는 영靈… 한 마음 때문이지요.

자 그러면 해탈解脫이라는 것은 뭡니까? 해解라는 것은 실처럼 복잡하게 얽힌 것을 풀어내는 것을 말합니다. 탈脫이라는 것은 감옥처럼 구속된 것에서 벗어나 자유로워지는 것을 말합니다. 그래서 해탈이라는 것은 얽매이지 않고 자유로워지는 것을 말합니다. 해탈은 윤회라는 수레바퀴에 얽매이지 않고, 윤회에 자유자재 하는 것입니다.

윤회는 이 육신이 아니라 한 마음 때문에 하는 것이라 했습니다. 썩어 없어질 나뭇잎이 아니라 유전인자를 가지고 있는 씨앗이 다시 새로운 나무와 꽃을 가능하게 하듯이 말입니다. 비슷하게 생긴 씨앗이라도 작은 수박씨는 반드시 큰 수박을 피워내고, 그보다 큰 복숭아씨는 반드시 복숭아 열매를 맺습니다. 바로 유전인자 때문에 그렇지요. 사람의 새 몸 받는 것도 이 한 마음이 지닌 유전인자를 그대로 나툽니다. 그 한 마음이 전생에 지었던 모든 업이 유전인자가 되어 그 한 마음에 집약되어 있습니다. 그래서 그에 맞는 새 몸을 받지요. 그렇기 때문에 우리는 그 한 마음을 잘 써야 합니다.

중생과 부처

중생이 윤회하는 것은 그 한 마음에 얽매여서 살기 때문입니다.

우리는 살면서 진실을 봐야 하는데 항상 왜곡된 것을 보려합니다. 육신은 일시적인데 이 육신에 얽매여 육신의 안위에 정성을 들입니다. 물론 그래야지요. 하지만 영원한 마음을 보고 거기에 더 정성을 들여야 하는데 그것에는 소홀합니다.

가족 역시 한정된 시간 속에 만나는 인연인데 거기에 정성을 들입니다. 물론 그래야 합니다. 소중한 인연이니까요. 하지만 영생을 놓고 보면 모두가 내 가족 아님이 없어서 모든 이들에게 불공을 드려야 돌아오는 생마다 풍성한 인연을 만날 수 있을 겁니다.

다시 말해 우리는 눈앞의 왜곡만 주목하는 경우가 많습니다. 그리고 그것에 한 마음이 얽매여 있는 경우가 많습니다. 그래서 부처님께서는 긴말 없이, 군소리 없이 "집착을 벗어나라"고 하시는 겁니다.

결국 윤회하는 것은 이처럼 한 마음에 얽매인 집착을 하기 때문입니다. 하지만 해탈을 할 수 있는 것은 집착을 벗어나 이 한 마음이 자유자재하기 때문입니다.

한 마음이 얽매여 윤회하는 사람을 우리는 중생이라 합니다. 하지만 한 마음을 자유자재하게 해탈하신 분을 우리는 부처라 합니다. 중생과 부처의 차이는 이처럼 손바닥 하나 뒤집는 차이입니다. '한 마음에 집착하느냐 자유 하느냐'가 중생과 부처를 가늠하는 겁니다.

해탈로 가는 길

그래서 우리는 '마음공부'를 하는 겁니다. 그리고 '마음의 힘'을 얻으려 하는 것이지요. 집착을 끊고, 자유로울 수 있는 힘 말입니다.

생과 사에 자유로울 수 있는 마음의 힘은 어디에서 생깁니까? 죽음에 임해서 두려움 없이 잔잔하고 담담하게 자유로울 수 있는 힘 말입니다. 그것은 이처럼 '윤회의 비밀'을 아는 것입니다. 평소에 생사의 근원을 꿰뚫고 있어야지요. 그리고 그에 맞는 인과의 삶을 살아야지요. 그러면 생사에 자유로울 수 있겠지요.

따라서 우리가 죽을 때가 되어서 생사해탈하자는 것이 아닙니다. 시시각각, 사는 순간순간 모든 일에서 한 마음에 묶이지 않아야 합니다. 그것이 참다운 해탈입니다. 그것이 중생으로 윤회하지 않고, 부처로 해탈하는 길입니다.

어떻게요? 영육이 있는데, 눈에 보이는 육신이 아니라 … 순간순간 보이지 않지만 영원한 이 '한 마음'에 묶이지 말라는 겁니다. 한 마음 걸리고 안 걸리는 경지가 바로 '성품에 합일'하는 경지입니다. 진리에 계합해 있는 경지입니다. 그게 진리적인 삶이고, 부처의 삶입니다.

이 '윤회의 비밀'에 바탕해 진리적인 삶을 사시길, 항상 부처가 되시길 기원합니다.

정성이 지극하면
돌 위에도
꽃이 피어납니다
精誠花 吉寬

정성화(精誠花)

정성이란 게 무엇일까?
대정진을 계속하면 돌 위에도 꽃이 피어난대 … 그것!

중심이 고정되면 완전한 원

잘 수행하는 사람은 자성을 떠나지 않는다 하니,

어떠한 것이 자성을 떠나지 않는 공부인가?

오늘은 의두요목 14조에 대해서 공부를 하는 날입니다.

중심

　외국에서 오신 다문화 가정의 한 주부와 대화를 나눴습니다. 고향에서 공과대학을 나온 엘리트인데 한국의 농촌에서 평범한 주부로 살아가는 게 힘들지 않느냐는 질문을 했습니다. 서툰 한국말이지만 그녀는 "볼펜의 가운데를 세워서 살아요"라고 답했습니다. 아마도 볼펜 안의 심지를 이야기한 것 같습니다. 시비가 많은 인간사인데다 갈등도 그만큼 많은 삶 속에서 중심을 잘 잡아서 산다는 이야기지요. 분명한 삶을 살아가는 그녀가 존경스러웠습니다.

동그라미를 그릴 때가 많습니다. 연필로도 그리고 붓으로도 그려 봅니다. 하지만 만족스러운 원은 여간해서 나오지 않습니다. 원을 그릴 때 쓰는 컴퍼스라는 게 있습니다. 중심을 잡는 바늘을 고정시킨 채 한 바퀴를 돌리면 완전한 원이 나오지요. 작은 동그라미뿐만 아니라 큰 동그라미도 문제가 없습니다.

단 하나의 조건은 중심을 잡은 바늘이 움직이지 않아야 된다는 것입니다. 바늘이 조금만 움직여도 원은 비뚤어집니다. 우리의 삶도 그렇지 않을까요? 언제나 중심을 떠나지 않아야 합니다.

원래

우리의 마음작용도 마찬가지입니다.

살아 있는지라 몸과 마음을 움직이니 유혹을 따라 분별하게 됩니다. 그냥 분별이면 괜찮은데 어느 것 하나를 찍어서 마음 가는 곳에 착심을 갖지요. 나에게 이득이 될 만한 것을 찍고 그것을 위해 마음을 쓰고 몸을 움직이지요. 경계에 따라 분별하고 주착하는 것… 그래서 마음이 요란해지고, 혹은 어리석어지고, 심지어 일을 그르치기까지 합니다.

그 결과는 무엇입니까? 업業입니다.

차가 차로와 신호를 지켜야 사고 없이 원만한 교통의 흐름이 이어지듯, 마음도 본래자리를 지켜야 합니다. 그렇지 않으면 … 사고가 나지요.

요란함이 없는 자리, 어리석음이 없는 자리, 그름이 없는 자리… 그것이 본래자리입니다.

항상 본래자리에 그쳐 있는 것을 '수행의 극치'라 합니다. 수행이 지향하는 궁극적인 자리지요. 그것이 자성自性을 떠나지 않는 공부입니다. 자성은 오염되기 전 나의 본래 마음을 말합니다.

자성… 그 여러 가지 이름

'자성'이라는 것은 자신의 성품, 각자가 가지고 있는 성품을 말합니다. 이 '성품'이라는 것은 '본래 마음'을 말합니다. 경계를 따라 일어나는 예쁜 마음, 미운 마음이 아닙니다. 경계 이전의 분별없는 그 마음을 말합니다.

우리는 사람의 마음이 원래 선하다거나 혹은 본래 악하다고 말합니다.

어떤 사람이 불쌍한 사람을 보고 도와주었다고 합시다. 그러면 사람들은 그것을 보고 인간이 본래부터 선하다고 말합니다. 하지만 불쌍한 사람이 가버리면 선한 마음은 어느덧 사라져버리고, 다시 본래의 순수한 마음, 자연의 마음으로 돌아옵니다. 이를 착하다 한 것은 본래의 마음이 아니라 일어난 마음을 보고 착각을 한 것입니다.

한 아이가 화가 나서 나쁜 짓을 저지르고 경찰서에 잡혀왔습니다. 그 아이는 잘못했노라고 빌며 다시는 그러지 않겠노라고 사정을 합니다. 그 아이를 보고 인간의 마음은 본래 악한 것이라고 말할 수 있습니까? 그것은 단지 일어난 마음일 뿐입니다.

인간 본래의 마음은 선하지도 악하지도 않고 자연 그대로이며, 선하고 악한 것은 마음을 일으키기에 달려 있는 것입니다.

대종사님은 이를 일러 '일원상'이라 표현을 하셨습니다. 그리고 이 일원상을 제불제성의 심인心印, 즉 '모든 부처님과 성현들이 깨치신 자리'라고 하셨습니다. 또 일체중생의 본성, 즉 '우리 모든 중생들에게 갊아져 있는 본래 마음'이라고 하셨습니다.

불교에서는 '청정 법신불'이라 하셨고, 유교에서는 '태극, 무극', 도가에서는 '자연, 도'라 하셨고, 기독교에서는 '하나님'이라 하셨습니다. 모두가 같은 말입니다.

어렸을 때 학교에서는 저를 "인태야" 하고 불렀고, 스승님은 "세관아" 이렇게 부르고, 교도님들은 "교무님" 하고 부릅니다. 호칭은 틀려도 모두가 저를 지칭하는 것과 같습니다. 어떻든 자성이라는 것은 이렇게 많은 이름을 가지고 있습니다.

떠나지 않는 것

'자성自性을 떠나지 않는 공부라는 것'은 기독교인들 입장에서 보면 '하나님과 하나 되어 살아가는 것'이요, 불교인들 입장에서 보면 '부처님으로 살아가는 것'입니다. 또 자성을 떠나지 않는다는 것을 도교적인 입장에서 보면 '자연과 하나 되어 살아가는 것'이요, 원불교적 입장에서 본다면 '진리와 하나 되어 사는 법', 즉 '진리적인 삶'을 살아가는 것을 말합니다.

다시 말해 떠나지 않는다는 것은 하나 되어 있는 상태를 말합니다.

자성 떠나지 않기 1

자성은 오염되기 전 나의 본래 마음을 말한다고 했습니다. 그러면 자성을 떠나지 않기 위해서는 어떤 공부를 해야 할까요? 다시 말해 본래 마음을 지키기 위해서는 어떻게 해야 하느냐는 겁니다.

먼저 본래 마음인 성품을 잘 알아야 합니다. 이것을 견성이라 합니다.

또 경계를 따라가는 마음을 크게 장양시켜 성품에 합일하게 해야 합니다. 이것을 양성이라 합니다.

또 육근을 운전할 때 마음이 분별 주착에 끌리지 않아야 합니다. 그것을 일러 솔성率性이라 합니다.

마음을 보고, 기르고, 다스리는 견성, 양성, 솔성을 일러서 우리는 '마음공부를 한다'고 말합니다. 이 마음공부 방법을 대종사님은 정신수양, 사리연구, 작업취사라 하여 삼학공부라고 밝혀주셨습니다.

다시 말해 자성을 여의지 않는 것은 정신수양만이 아니라 삼학을 통해서 완전하게 이루어집니다. 만일 정신수양만이 자성을 여의지 않는 것이라고 한다면 우리는 평생 정한 가운데 수행만 하는 산중 스님네들의 선禪만을 하고 말겠지요.

하지만 우리는 수많은 경계 속에서 살기 때문에 취사를 하면서도 자성을 떠나지 않는 취사를 해야 하고, 각자의 직장에서 전문 일을 할 때 자성을 떠나지 않는 지혜로운 연구를 지속해야 할 것입니다. 그랬을 때, 살아 있는 수행이자 자성을 항상 여의지 않는 원만한 불보살이 될 것입니다.

자성 떠나지 않기 2

우리 표어 중에 '동정일여動靜一如'라는 말이 있어요. '동정간에 한결같이'라는 말인데 무엇이 한결같다는 말인가요? 바로 '동정간 불리자성不離自性', 즉 동정간에 자성을 떠나지 말고 한결같이 살아가라는 말입니다.

'동'이라는 것은 움직일 때, 즉 일이 있을 때를 말하는 것이요, '정'이라는 것은 가만히 있을 때, 즉 일이 없을 때를 말하는 것입니다.

그렇다면 일 없을 때 불리자성 공부는 어떻게 할까요? 잡념을 제거하고 일심을 양성해야 합니다.

대종사님께서 빈 마음을 양성하라고 하지 않으시고 어째서 일심을 양성하라고 하셨을까요? 곰곰이 생각해보면 심력이 응축되도록 하기 위해 일심이라는 표현을 쓰신 것 같습니다. 잡념을 제거하고 일심을 양성하라고 하신 것은 무심에 그치지 않고 무심이 힘이 되도록 하기 위해서 그런 것입니다. 그것을 진정한 부동심이라 합니다.

그러면 일 있을 때는 어떻게 해야 할까요?

무슨 일을 할 때 주의심을 놓아버리면 문제가 됩니다. 여러분들 일하실 때 주의할 것 외에 딴 것이 있습니까? 가스, 마실 물, 공기, 전열기, 아이 돌보기, 부부 간의 말 한마디, 요즘엔 산에서 담뱃불까지 주의해야 합니다. 주의심 없는 사람은 굉장한 곤욕을 치를 것입니다. 그래서 대종사님께서 "…에 주의할 것이요, 주의할 것이요" 하셨습니다. 주의심이 부처를 만드는 어머니입니다. 주의심이 없으면 부처가 될 수 없습니다. 일 있으면 그 일에 전심전력해야 합니다. 동쪽 일 하면서 서쪽 일 생각하고, 지금 일하면서 과거 일 생각하고 그러지 말라는 말입니다. 그 일에 온전히 정성을 들여야 합니다.

주의심, 즉 유념을 가지고, 거래각도 무궁화去來覺道 無窮花의 은혜 관계를 맺어가는 것이 자성을 여의지 않는 공부입니다.

동정간 불리자성 하시고, 부단한 삼학공부로 불리자성을 완성하시기를 기원합니다.

의두요목 15

나와 우주는 하나

마음과 성품과 이치와 기운의 동일한 점은 어떠하며,

구분된 내역은 또한 어떠한가.

오늘 공부할 의두요목 15조는 나와 우주의 관계를 밝히는 중요한 의두입니다. 먼저 심성이기(心性理氣)의 역사와 뜻에 대해서 알아봅니다.

   대종사님께서는 대각을 이루시고 모든 종교의 경전을 두루 열람하셨습니다. 그리고 "모든 성자들의 깨닫고 밝히신 바가 나의 깨달음과 같다"고 말씀하셨습니다. 저희들도 대종사님께서 밝혀주신 원불교의 교리를 잘 아는 만큼 '다른 종교의 교리'를 통해서도 비교해볼 줄 알아야겠습니다. 그래서 우리나라 사람들의 생활양식을 오랫동안 지배해온 '유교'에 대해서 잠깐 알아보겠습니다. 오늘 함께할 의두가 이

것과 관련이 있기 때문입니다.

유교… 그리고 유학

중국의 진시황제 아시지요? 진나라 때의 시 황제 말입니다. 중국을 최초로 통일하신 분입니다. 지금부터 2천3백 년 전 사람입니다. 만리장성을 쌓고, 영생을 살려고 불로초를 구하려 했던 그분 말입니다.

이분은 자신의 권위에 도전하는 것을 막기 위해 사람들이 지식 쌓는 것을 막으려 했습니다. 그래서 기존의 모든 서적들을 다 불태웠지요. 이것이 이른바 '분서갱유焚書坑儒'입니다. 지금 우리가 보고 있는 중국의 모든 고전이 다 불태워졌습니다.

그런데 독재를 하면 오래 못 가지요? 진나라가 망하고 한漢나라가 들어섭니다.

이때 나라의 체계를 다시 세우려고 옛날 경전들을 재정비하게 됩니다. 그리고 경전의 한 글자와 한 구절을 충실하게 해명함으로써 경전 본래의 사상을 이해하려는 풍조가 생기게 됩니다. 이것을 '훈고학訓詁學'이라 합니다. 지금 우리가 보는 4서 3경들이 다 이때 정비가 되고 공부를 하게 됩니다.

그리고 1천 년이 흐릅니다. 송나라 때 이르러 주희朱熹: 1130~1200라는 사람이 나타납니다. 주희라는 사람은 경전을 글자 하나하나 해석하는 풍조에서 '철학적인 세계관'을 부여합니다. 철학이 뭡니까? 우주와 인간 삶의 원리를 규명하자는 것 아닙니까? 주희는 자연과 사회

가 발생하고 움직이는 것을 이理와 기氣의 개념으로 설명합니다. 이理
는 모든 것에 갊아져 있는 '근본이 되는 이치'이고, 기氣는 '움직이는
기운'을 말합니다.

이치와 기운

다시 말해 기氣가 모이고 흩어지는 것에 의해 우주 만물이 생성됩
니다. 운동을 하면 '기운이 생긴다'고 말하지요? 또 나이가 오래되어
쇠약해지면 '기운이 떨어진다'고 합니다. 그러다가 죽으면 육신은 흙
으로, 영혼은 대령에 합해지거나 새로운 육신으로 들어가지요? '기
운이 흩어졌다 다시 모이는' 현상이 바로 이것입니다.

이처럼 기氣는 맑음과 흐림, 무거움과 가벼움 등에 따른 차이가 있
고, 따라서 기에 의해 구성되는 우주 만물은 모두가 다 제각각이지
요. 결국 자연이나 인간이나 사회가 모두 위계적인 질서를 갖습니다.

이理라는 것은 만물 생성의 근원이 되는 정신적 실재이자 만물에
내재하는 원리로서 기의 운동법칙이 됩니다. 모든 만물에는 이理가
들어 있는데 기氣를 통해서 움직이고 이합집산을 하게 되는 겁니다.
사람도 그렇고 사물도 그렇지요. 움직이는 자동차도 그 원리에 의해
서 바퀴나 엔진이나 의자가 만들어져 조립된 것이지요.

그래서 '이와 기'는 '사람과 사물, 우주의 보편적 원리'가 되는 겁니
다. 그래서 이것을 '우주를 이해하는 방법'이다 해서 '유학의 우주론'
이라고 합니다.

성품과 마음

우리는 사람이지요. 인간입니다.

그래서 여기에 바탕해서 사람을 이해하려고 하는데요, '이와 기'에 바탕을 둔 인간도 본연지성本然之性과 기질지성氣質之性, 즉 '본래의 성질'과 '기질에 따라 나타나는 성질'로 나누어집니다. 변하지 않는 '본래의 성질'을 '성품'이라 하고, '분별과 주착에 의해 기질따라 일어나는 것'을 '마음'이라 합니다. 그래서 '심과 성'은 '사람을 이해하는 원리'가 되는 것이고, 이것을 '유학의 인성론'이라 합니다.

경계에 따라 분별과 주착이 생겨 사람의 업이 생기기 때문에, 인간은 욕심을 없애고 천리를 보존하는 도덕 실천을 통해 본연지성에 따르는 생활방식을 가져야 합니다.

이러한 생활방식을 가지기 위해서 사람과 우주에 존재하는 천리를 인식해야죠. 다시 말해 성품사람과 이치우주의 본래자리를 찾아가는 방법을 찾게 되는데 이것이 삼강오륜과 같은 유교의 수행법입니다. 이것이 관료적 통치질서, 신분계급적 사회질서, 가부장적 가족질서를 만들어 우리 사회를 지배했습니다.

주희라는 사람이 이 철학을 확립했다고 해서 '주'를 따서 '주자학'이라고 합니다. 그리고 내용이 결국 '성리'지요. 사람의 본래자리인 '성품'과 우주의 보편적 원리인 '이치'… 그래서 앞자만 따서 '성리학'이라고도 합니다. 우리나라에 와서도 퇴계 이황 선생님이나 율곡 이이 선생님 같은 대유학자가 '이기'를 가지고 '이기 일원론', '이기 이원론' 같은 논리를 확립했지요.

이것이 유학입니다. 그리고 이것이 종교적으로 자리 잡아서 유교라고 하구요.

유교과 불교

복잡하지만 앞의 내용을 정리하자면, ① 중국의 고경들이 있어왔는데 ② 2천 여 년 전에 진시황이 체제를 위협한다 하여 다 불태웠고 _{분서갱유} ③ 이어서 한나라가 들어서며 다시 체제를 세우기 위해 경전들을 결집하고 자구를 하나하나 해석했는데 이것이 '훈고학'입니다. ④ 그런데 1천 년 전에 주희라는 사람이 이 경전의 의미에 인간과 우주의 근원을 밝히는 '철학'의 개념을 부여해 '주자학_{성리학}'이 만들어집니다.

그래서 '성리'라는 것이 나오고, 여기에 이 근본이 움직이는 심과 기가 덧붙여지며 '심성이기_{心性理氣}'라는 말이 생겨난 겁니다.

송나라 때 성리학이 성립될 때는 불교가 중국에 널리 퍼진 시기여서 많은 영향을 미쳤습니다. 하지만 성리학과 불교의 세계관은 근본적인 성격이 다릅니다.

일반적으로 '불교'는 현실의 자연과 사회는 궁극적으로 부정되어야 할 가상에 불과한 것이었습니다. 오로지 마음의 문제에만 매달렸지요. 그래서 조선시대에도 '현실을 도외시한다' 하여 천대를 받은 것입니다.

그러나 성리학, 즉 '유교'는 자연과 사회를 도덕적인 본성을 갖는 것으로 인식했습니다. 그 속에 존재하는 사물과 나타나는 모든 현상을 인정했습니다. 다시 말해 현실을 인정하고 그 현실을 이상적으로 만들어가고자 했습니다.

마음의 원리

다시 원래로 돌아와봅시다. 본 의두 15조는 대종경에 그 공부 방법이 제시되어 있습니다. 대종사 선원 대중에게 말씀하시기를 '사람 하나를 놓고 심·성·이·기心性理氣로 낱낱이 나누어도 보고, 또한 사람 하나를 놓고 전체를 심 하나로 합하여보기도 하고, 성 하나로 합하여보기도 하고, 이 하나로 합하여보기도 하고, 기 하나로 합하여보기도 하여, 그것을 이 자리에서 말하여보라.'〈대종경〉 성리품 28

모든 종교는 궁극에 들어가면 하나로 통합니다. 다만 저희들이 지금 당장 눈에 보이고, 나타나 있는 것만 가지고 논하기 때문에 종교도 저마다 다르고 지향하는 바도 서로 다르다고 생각하는 것일 뿐입니다.

'마음'의 문제는 대체로 불교에서 말하는 것으로 알아왔습니다만, 앞서 말씀드린 대로 유교에서도 '우주의 원리와 사람의 마음 원리가 같다'는 전제하에 교리를 오랫동안 발전시켜왔습니다. 우주의 원리와 사람의 마음이 같다는 측면도 있지만, 아마도 오랫동안 유학이 우리나라를 지배해왔기 때문에 그 토대하에서 근본적인 '마음의 원리'를 생각하자는 측면에서도 '심성이기'를 연마하라신 것이 아닌가 싶습니다. 물론 사람은 우주의 일부이자 우주와 하나라는 관점에서 '우주의 원리'까지 아우른다는 말입니다.

원만한 성리공부

심성이기心性理氣 중 심성心性은 본래 불교에서, 이기理氣는 주로 유교에서 다루고 있습니다. 하지만 원불교에서는 심성이기를 아울러서 '원만한 성리를 찾는 공부'를 합니다. 심성은 사람 마음의 문제이고 이기는 우주운행의 원리인데, 사람은 소우주라 결국 우주와 둘이 아닌 까닭입니다.

이 의두는 결국 성리의 문제입니다. 성性은 인간의 본'성', 리理는 우주만유의 본래 '이'치를 말한다고 했는데 진리의 궁극에 들어가서는 이 둘이 하나라고 했습니다. 즉, 심성心性은 인간을 움직이는 '마음'의 문제를 말하고, 이기理氣는 우주만유의 운행 '이치'를 말합니다.

따라서 '심성이기心性理氣'는 인간의 본성이요, 우주만유의 근본 이치인 '일원의 진리', 즉 '우리의 청정 자성'을 설명하는 것입니다.

나눈 자리

심성이기心性理氣는 동과 정, 체와 용, 주와 객으로 나누어보면 쉽게 이해가 갑니다. 그리고 그 하나 되는 내역까지 알 수 있는 것입니다.

▶ 동정動靜 : 먼저 심성心性: 마음과 성품을 봅시다. 마음을 떠나서 성품이 따로 있는 것이 아니지요. 성품性이 동動하면 마음心이 되고, 마음이 정靜하면 성품이 되는 것입니다. 즉, 성품에서 분별이 일어나면 마음이 됩니다. 착한 마음, 나쁜 마음, 시기심, 질투심, 계교심, 탐심, 화내는 마음, 어리석은 마음 등 이런 마음은 다 성품이 경계를 당하여 동動하기 때문에 일어나는 것입니다. 그래서 우리는 동정일여動靜一如: 동정간에 한결같이 해야 하는 것입니다.

▶ 체용體用 : 다음은 이기理氣: 이치와 기운를 봅시다. 우주만유의 근본이치理는 체體의 입장입니다. 근본적으로 존재하게 되는 이치를 말합니다. 이 이理가 용用으로 나타날 때 기氣가 되는 것입니다. 예를 들어 개나리꽃을 봅시다. 개나리꽃이 필 수 있는 이치理가 있습니다. 그러나 아무 때나 필 수 있는 것은 아니지요. 눈 내리는 추운 겨울에는 피지 않습니다. 그러나 따뜻한 봄이 되면 봄기운을 따라 노랗게 피어나지요. 봄기운 따라 개나리꽃이 피는 것이 기氣요 용用입니다. 개나리꽃의 생명력이 이理가 되는 것입니다.

이理와 기氣는 하나입니다. 이를 떠나 기가 없고, 기를 떠나 이가 따로 있지는 않습니다. 기가 정靜하면 이가 되고, 이가 동動하면 기가 됩니다. 이는 기에 의존해 있고, 기는 이로 작용을 하는 것입니다. 우주에 없는 기는 있지 않고, 기 없는 이도 존재하지 않는 것입니다.

▶ 주객主客 : 심성은 인간의 본성이요, 이기는 우주만유의 근본이치입니다. 인간을 주관主觀, 우주를 객관客觀으로 표현할 수 있습니다. 따라서 심성은 주관이요, 이기는 객관입니다. 그런데 심성과 이기는 본래 하나이기 때문에 '주객일체主客一體'가 됩니다. 때문에 '주객일체·

물심일여物心一如가 된 경지가 곧 진리와 내가 하나가 된 경지'입니다.

합한 자리

본래 동물이나 식물은 심성보다는 이기가 강하게 나타납니다. 그러나 사람은 수행을 많이 할수록 심성이기가 균형을 이루게 되고 결국은 하나가 됩니다. 수행이 부족하면 심성이기가 불균형을 이루거나 하나가 되지 못합니다.

심성이기가 하나가 된다는 것은 천만경계를 당해도 마음이 끌려가지 않습니다. 물이 잔잔하면 파도가 일어나지 않습니다. 하지만 경계에 따라 파도가 일어나지요. 파도는 번뇌망상이고 파도가 심하면 배가 부서질 수 있듯, 결국 우리가 근본인 성性에 멀리 떨어져 있으면 인간은 스스로를 망치는 결과를 가져오게 됩니다. 경계가 잠자면 보리심이 일어나고, 보리심이 경계에 흔들리면 번뇌망상이 일어나는 것입니다.

'심성이기가 하나가 된다'는 것은 '우주만유와 내가 하나가 된다'는 것입니다. 그리고 내 몸과 마음이 하나가 된다는 것입니다. 즉, '처처불상處處佛像 사사불공事事佛供'을 통하여 나와 모든 것이 하나 되는 주객일체·물심일여의 경지를 얻게 된다는 뜻입니다.

인간은 심성이기를 다 갖추고 있지만 사용하는 데 있어서 부처와 중생으로 나뉘는 것입니다. 이 점에서 서로 다른 것입니다. 마음心은 본래자리性에 바탕 하여 정의롭게 써야 하고, 기운氣도 순리順理에 맞게 가야지 역리逆理로 가면 안 됩니다. 부처는 마음을 본래자리에 바탕하여 순리에 맞게 하여 자리이타를 이끌어내시는 분입니다. 하지만 중생은 늘 경계에 휩쓸려 역리를 취함이 많아 자리타해나 자해타해로 나감이 많습니다. 용用이라는 것은 항상 체體에 바탕하여 써야 합니다.

부단한 연마, 아는 만큼 실천

유교에서는 이 방법이 〈대학〉에 '격물치지格物致知'라고 나와 있습니다. 주희는 이것을 '거경궁리居敬窮理'라고 해석을 했어요. '이치를 탐구하는 데는 내적으로 경건함이 요청되고거경, 그 바탕하에서 탐구를 해야 한다궁리'는 말입니다.

이렇게 보면 사리연구를 하는 데 있어 정신수양이 바탕이 되어야 한다는 말로도 바꾸어볼 수 있지요. 그리고 이것은 실천을 통해서 발현이 되어야 합니다. 작업취사이지요.

결국 우리가 성리를 공부하는 것은 실천을 하고자 함입니다. 마음에 천착한 불교와 현실 구현이라는 유교의 그 모든 것을 아울러 해야 하는데 그것이 바로 삼학을 통해 이루어진다는 것입니다.

성리품 28장을 이어서 보면, 심성이기에 대해서 대중이 여러 가지 답변을 올렸지만 인가하지 아니하시고 말씀하셨습니다. "예를 들면 한 사람이 염소를 먹이는데 무엇을 일시에 많이 먹여서 한꺼번에 키우는 것이 아니라, 키우는 절차와 먹이는 정도만 고르게 하면 자연히 큰 염소가 되어서 새끼도 낳고 젖도 나와 사람에게 이익을 주나니, 도가에서 도를 깨치게 하는 것도 이와 같나니라."

'성리'는 기본적으로 사리연구의 과목입니다. 원리는 연마하면 알지만 결국 현실 속에서 사용되어야 하는 것이지요. 깨침이라는 것은 하루아침에 이루어지지 않습니다. 작은 깨달음들이 쌓이고 쌓였을 때 '대각 大覺'이 이루어지는 것이지요.

스님들이 다리를 틀고 화두를 들며 참선하는 것도 의미가 있습니다만, 이처럼 현실 속에서 성리를 연마하여 조금씩 조금씩 알아지는 것들이 생활 속에서 실천으로 나와져야 합니다.

그것이 사실은 같은 사리연구 과목인 '정기일기'와 관련이 많습니다. 심신작용 처리나 감각감상이 그것이지요. '성리'는 다른 것이 아니라 결국 '우주에 내재해 있는 대소유무의 이치를 통해 인간의 시비이해를 건설하는 것'이기 때문입니다. 시비이해와 대소유무라는 조그마한 깨달음들을 정기일기를 통해 꾸준히 축적하다 보면 '원리로 심성이기'를 아는 것이 아니라 '실천적 심성이기'가 발현되는 것입니다.

부단히 연마하되 또 아는 만큼 실천을 해봅시다. 어느새 부처가 되어 중생을 제도하고 있는 자신의 모습을 사람들이 지켜볼 것입니다.

Hi,
Halloween's pumpkin!
It is time to sleep.
벅수꽃 [印]

벅수꽃(장승花)

"안녕, 할로윈 호박! 이제 잠잘 시간이야."
10월이면 서양은 할로윈으로 떠들썩하고 호박등으로 귀신을 쫓는다.
우리네 벅수(장승)도 마을 어귀에서 같은 역할을 하며 서 있다.
하지만 이제 양(陽)의 시대… 하늘꽃이 말한다. "부적은 가라!"

의두요목 16

불로초가 필요하세요?

우주 만물이

비롯이 있고 끝이 있는가, 비롯이 없고 끝이 없는가.

오늘은 의두요목 16조에 대해서 공부를 하는 날입니다.

시작과 끝

먼저 시작과 끝이 무엇인지 알아봅니다.

잠에서 깨어 이른 아침 눈떴을 때를 우리는 하루의 시작이라 합니다. 그리고 밤이 되어 잠자리에 들 때를 우리는 하루의 끝이라 합니다. 하루의 시작과 끝입니다.

또 우리는 어머니의 뱃속에서 태어났을 때를 인생의 시작이라 여깁니다. 그리고 병과 늙음에 의해 죽을 때를 끝이라 여깁니다. 인생의 시작과 끝입니다.

우리를 둘러싼 우주자연의 시작과 끝에 대한 의문도 오랫동안 인류를 고민하게 했습니다.

과학자들은 우주의 생성 비밀을 물리학적으로 규명했는데요.

150~160억 년 전 '빅뱅'이라고 하는 큰 폭발에 의해 현재의 우주가 형성되었다고 합니다. 그리고 40억 년 전 태양에서 불덩어리로 튀어나와 지구가 탄생되었다고 합니다.

지구가 식으면서 물과 공기가 생기고 5억 년 전부터 지구에는 생물이 살기 시작했다고 합니다. 나무와 공룡의 시대가 전개되었는데 7천6백만 년 전 운석이 지구와 충돌해 지구는 화염에 휩싸이고 연기가 대기권을 뒤덮어 태양빛이 한동안 들어오지 않자 빙하기가 왔답니다. 그래서 공룡이 절멸했지요.

그러다가 40만 년 전 최초의 유인원이 탄생했답니다. 진화론에 의하면 유인원이 진화를 거듭해 1만 2천 년 전 지금의 인류가 탄생했습니다. 그리고 6~7천 년 전 농경문화, 즉 농사를 짓기 시작하면서 정착을 하게 되었고, 그러다 보니 문자가 만들어졌다고 합니다.

성경도 보면 창세기까지 거슬러 올라가 보면 아담과 이브가 탄생한 지는 불과 6천 년이라고 합니다. 우리나라 역사도 단군시대까지 거슬러 올라가면 반만년이니 5천 년 정도가 됩니다. 그리고 대부분의 4대강 유역의 문명권도 6천 년 내외의 역사를 가지고 있으니 과학이 규명한 것과 다르지 않다고 볼 수 있습니다.

어떻든 이 우주도 150억 년 전이 시작이고, 지구도 40억 년 전이 시작입니다. 사람도 길게 보면 40만 년 전이 시작이지요. 그리고 빅 뱅이라고 하는 폭발에 의해 우주가 만들어졌다고 하니 어느 땐가는 이 우주가 소멸되는 날도 있을 것 같습니다. 그러면 인류도 공룡처럼 절멸할 테구요. 시작과 끝이 있지요.

분별이 만든 시종

이처럼 시작과 끝을 규명하는 것이 우리들에게는 하나의 기준이 되었습니다. 인생의 시작과 끝이 인생을 사는 기초가 되었고, 우주의 시작과 끝이 환경을 파악하는 기초가 되었습니다. 시작과 끝은 시간과 공간이라는 개념 속에서 이루어집니다.

그런데 시간과 공간이 유한한 것인가 무한한 것인가요? 빅뱅으로 우주가 생기고 없어진다면 그 이전과 그 후는 무엇일까요?

물론 인간이 만들어낸 개념이지만 하늘의 해는 지구의 탄생과 다름없이 뜨고 집니다. 하루살이는 낮과 밤 한 번만이 세상의 시작과 끝이라고 생각하고 가겠지요. 하지만 저희들은 밤낮이 하루의 시작과 끝일 뿐이지, 그것이 세상의 시작과 끝이 아니라는 것을 잘 압니다.

봄, 여름, 가을, 그리고 겨울이 오면 모든 게 끝입니까? 한해살이 곤충들은 춘하추동이 세상의 시작과 끝이라고 알고 가겠지요. 하지만 우리는 또 다른 생명의 시작인 봄이 다시 옴을 알고 있습니다.

그럼 한번 자문해봅시다. 태어나서 죽으면, 다시 말해 한 번 살면 세상이 끝입니까? 이 육신을 가지고 사는 인간들은 그렇게 느끼겠지만 영생을 보신 성자들은 한 번 살고 마는 것이 세상이 아니라고 하십니다. 우리의 인생도 춘하추동과 같이 생로병사가 계속 반복됨을 성자들은 깨치신 눈으로 보고 일러 주십니다.

우리를 둘러싸고 있는 우주도 성주괴공의 무한한 반복입니다. 150억 년 전의 빅뱅은 새로운 성成일 뿐입니다. 괴공을 하면 또다시 새로운 우주가 생성되겠지요. 그 이전에도 우주는 있어 왔고, 계속하여 성주괴공이 되었던 것입니다.

"우주만물이 비롯이 있고 끝이 있는가, 비롯이 없고 끝이 없는가" 하는 의두요목 16번은 결국 무시무종, 시작도 없고 끝도 없음을 분명히 알아야 한다는 역설적인 질문입니다.

다시 말해 하루살이가 밤낮이 세상의 시작이고 끝이라는 인식을 하고 가는데 그보다 더 사는 사람은 그게 아니라고 분명히 알지요. 마찬가지로 한해살이 곤충인 나비는 춘하추동이 세상의 시작이고 끝이라는 인식을 하고 가는데 저희들은 그게 아님을 경험을 통해서 알지요.

그것처럼 인생의 생로병사도, 우주의 성주괴공도 모두 깨치신 성자의 안목에서는 밤낮이 계속 반복되는 것처럼, 춘하추동이 계속 반복되는 것처럼 끝없이 반복된다는 것을 우리에게 일러주시는 겁니다. 다시 말해 시작과 끝은 분석을 해야 하는 사람들의 생각 속에서 만들어진 '분별'입니다.

우주뿐만 아니라 우리 인생도 시작과 끝이 없이 영원히 순환 무궁하다는 것이 바로 이 의두를 우리가 곱씹으면서 역으로 생각할 바입니다.

끝은 변화의 시작

답이 나왔다고 끝인가요?

왜 시작과 끝이 없는 그것을 알라고 하신 걸까요?

결론부터 말씀드리자면 우주가 시작과 끝이 없으니, 그 바탕하에서 살아가는 생명, 즉 사람도 생멸이 따로 없다는 겁니다. 우주의 무시무종 속에, 생명은 불생불멸한다는 겁니다. 그것을 알아야 한다는 겁니다. 왜냐면 '왜 영원히 사는지'를 알아야 '지금의 삶을 어떻게 살아야 하는지'의 명확한 답이 나오기 때문입니다.

정리해봅시다. 결국 깨치지 못한 입장에서 보면 모든 것이 유한하고, 깨친 입장에서 보면 무시무종無始無終입니다. 하지만 변變·불변不變은 있는 것입니다.

▷ 일원상 서원문에 보면 "유상有常: 항상 있는 것=불변하는 입장으로 보면 상주불멸로 여겨 자연如如自然하여 무량 세계를 전개하였고, 무상無常: 항상하지 않는 것=변하는 입장으로 보면 우주의 성·주·괴·공成住壞空과 만물의 생·노·병·사生老病死와 사생四生의 심신작용을 따라 육도六途로 변화를 시켜"라고 나와 있습니다.

앞서 저희는 이 우주가 시작도 끝도 없이 영원하다는 것을 몇 가지의 비유를 통해 살펴봤습니다. 우리를 둘러싼 이 우주는 성주괴공을 반복하며 영원하여 무시무종하다는 것이지요. 우리가 끝이라고 생각하는 순간은 사실 '변화'의 시작입니다.

불로초는 필요 없다

마찬가지로 사람을 비롯한 모든 생명들도 무량한 세계 속에서 영원한 생명을 가지고 있습니다.

〈수심결〉에 보면 이 육신을 '가죽 주머니'에 비유하고 있습니다. 유효기간 1백 년짜리 가죽 주머니 말입니다. 수명이 다하면 이 가죽 주머니는 다시 바꾸어야지요. 낡은 가죽 주머니에 집착해서는 안 됩니다.

생명 중에서도 움직이는 생명, 즉 동물에 해당하는 것을 불가에서는 사생四生이라고 합니다. 이 사생이 몸 바꾸는 방법은 일원상서원문에서 대종사님께서 밝혀주신 바대로 '심신작용'입니다.

이 가죽 주머니를 가지고 있을 때 '몸과 마음을 어떻게 사용하느냐'는 말입니다. 그것에 따라 다음번엔 어떤 가죽 주머니가 될 것인지가 결정된다는 겁니다. 그것을 우리는 '인과因果'라고 하지요.

인과에 따라서 새로운 가죽 주머니, 즉 새 몸을 받을 뿐입니다. 그래서 똑같이 생긴 사람은 하나도 없지요. 쌍둥이까지도 말입니다. 각자가 지은 업이 조금씩이라도 다 다르기 때문입니다.

이 같은 인과라는 변화의 원리 속에서 우리는 영원히 사는 겁니다. 개개의 생명은 생로병사로 변화하지만 몸만 다시 바꿀 뿐 생명 그 자체는 영원한 것입니다.

이처럼 우주 대자연이 무시무종하여 영원하고, 상주불멸한다는 것을 알게 되면, '나'라고 하는 것도 불생불멸하여 영원불멸하고, 여여자연하다는 것을 알게 됩니다.

어떻습니까? 우리가 끝이라고 생각하는 것이 사실은 인과에 의한 변화의 시작이라는 이 원리를 알면 불로초가 필요 없다는 것을 아시 겠지요? 몸이 아니라 마음에 주목을 하라는 것입니다. 그러면 곧 성리를 깨치게 됩니다.

영생을 얻는 법

무시무종 속의 변·불변하는 이치를 깨치면 삶이 달라집니다.

시작도 끝도 없는 바탕이 있습니다. 그 우주 속에서 우리도 '인과' 따라 변화하며 영원히 불생불멸합니다. 그래서 우주의 무시무종을 알라고 하는 것은, 우리가 불생불멸할 수 있는 그 바탕이 있으니 이 두 가지 원리가 하나로 이어져 있음을 알라는 것입니다. 그랬을 때, 우리는 진리와 하나 되는 바로 그 삶을 살 수 있습니다.

때문에 성리를 깨친 사람은 거짓 인연에 끌려다니지 않고, 분별시비에 얽매이지 않고, 자성을 떠나지 않아, 천지와 내가 하나가 된 삶을 살게 되는 것입니다. 소소영령한 인과의 이치가 그 속에 작용하여 무시무종 속 불생불멸을 이끈다는 것을 알기 때문입니다.

불생불멸을 깨친다는 것은 우리가 영원히 산다는 것을 알게 하는 또 하나의 은혜인 것입니다.

영원한 생명을 얻은 사람은 백 년을 살아도 길다 하지 않고, 하루를 살아도 짧다 하지 않습니다. 하지만 자성을 깨치지 못한 사람은 분별 때문에 백 년을 살면 오래 살았다고 기뻐하고 삼십구 년을 살면

짧았다 하여 슬퍼하는 것입니다.

그러나 무한한 우주의 입장에서 보면 백 년도 잠깐이요 찰나입니다. 반대로 백 년도 영원이고 하루도 영원입니다. 그래서 하루하루를, 찰라 찰라를 영원처럼 소중하게 사는 것입니다. 찰라를 감사보은으로 살기에 생사해탈이요 일념만년의 생활인 것입니다. 때문에 과거·현재·미래의 삼세가 없이 일념즉시 무량겁입니다.

그래서 금강경에 과거심도, 현재심도, 미래심도 불가득不可得이라 하였습니다. 분별로서 어느 시간에 얽매인 마음이 아니라 본래 마음으로 최선을 다한 일관된 마음으로 살아야 하기 때문입니다.

영겁을 하루같이

이 의두의 실천 방법은 자명해졌습니다. 하루를 영원처럼 소중하게 살라는 것입니다. '영겁을 하루같이 산다'는 것은 그 '진리를 아는 사람의 삶의 자세'를 말합니다.

하루살이는 하루밖에 살지 못하기 때문에 봄·여름·가을·겨울이라는 계절이 있음을 알지 못합니다. 마찬가지로 중생은 한생을 살다가 죽으면 그만이라는 의식 때문에 영생永生이 있음을 알지 못합니다.

그래서 생로병사를 겪는 과정에서 삶에 대한 허무를 느끼거나, 시비是非에 휩싸이거나, 이해利害에 지나친 집착을 하게 됩니다. 하지만 영겁永劫을 아는 이들은 작은 부분에 얽매이지 않습니다. 그리고 순간순간 매사에 최선을 다하는 삶을 살아갑니다. 순간이 영원이고, 영원이 찰나刹那이기 때문입니다.

　그래서 〈대학〉에 보면 '하루'의 의미를 담은 문구가 나옵니다. 은나라 탕왕의 반문인 '일일신 우일신日日新 又日新'이 있는데 '나날이 새롭게 하고 또 날로 새롭게 한다'는 말입니다. 하루에 최선을 다하고 또 어제와 달리 부처로 진급하는 삶을 살자는 말입니다.

　따라서 '영겁을 하루같이 사는 자세'는 첫째, '매사에 최선을 다하며 사는 것'입니다. 매사에 최선을 다하기 위해서는 한생에 얽매이지 않고, 착심을 없애야 합니다. 생사 해탈을 하고 무착행을 하는 것은 영생이 있음을 깨닫는 데서 가능해집니다. 그래야 영겁을 매일 매일 최선을 다하는 하루같이 살 수가 있지요.

　둘째, '부처로 진급하는 삶을 사는 것'입니다. 최선을 다하여 살되 나날이 새롭게 하여 더욱 진급하는 삶을 계속하여 살아가자는 말입니다. 어제보다 나은 오늘을 만들어 영생을 통해 반드시 부처의 위를 만들어가자는 다짐입니다. 역시 영생이 있음을 깨닫는 데서 진급을 위한 노력이 가능해집니다.

　저희들은 법당을 찾아 두 손을 모읍니다. 마음과 몸을 닦고, 믿음과 정진으로 기도를 올립니다. 기도의 심정을 표현한 〈성가〉 135장은 사무친 서원 일념과 고요하고 밝은 마음으로 살아가겠다는 다짐의 표현입니다. 의두요목 16조, 무시무종의 의미를 깨치라는 것은 결국 이와 같이 살라는 말씀입니다.

허공 속에도 유전인자가 있다

만물의 인과 보복되는 것이
현생 일은 서로 알고 실행되려니와
후생 일은 숙명(宿命)이 이미 매하여서
피차가 서로 알지 못하거니
어떻게 보복이 되는가.

오늘은 의두요목 17조에 대해서 공부를 하는 날입니다.

인과(因果)

먼저 '원인에 따른 분명한 결과'···, 즉 인과因果를 알아봅니다.
아침에 불단을 닦지 않았습니다. 먼지가 부옇게 쌓인 게 보이지
요? 그게 인과입니다.
음식을 잘못 먹으면 건강을 상합니다. 그게 인과입니다.

담배를 계속 피웁니다. 목소리가 자주 쉬고, 폐가 안 좋아지고, 가족들이 자꾸 냄새 난다고 투덜거리겠지요. 그게 인과입니다.

음주운전이나 졸음운전을 합니다. 큰 사고가 나지요. 그게 인과입니다.

미리 준비하면 편하지요? 허겁지겁 하면 실수를 하게 됩니다. 그게 인과입니다.

인과가 어렵나요? 인과가 특별한 것일까요? 인과는 어려운 것도 특별한 것도 아닙니다. 우리 주위에서 당연하게 보이는 하나의 행위에 대한 결과입니다.

조금 긴 인과

조금 긴 인과를 알아볼까요?

논에 모내기를 합니다. 가을까지 방치를 해버리면 피가 나서 소출이 적고 탈곡 때 이물질이 많이 들어가지요? 하지만 열심히 피사리를 하고 정성을 들입니다. 풍성한 가을을 맞겠지요? 이게 인과입니다.

말조심 하라고 했는데 말을 함부로 합니다. 사람들에게 경박한 사람으로 인식되지요? 그게 인과입니다.

젊어서 육신을 함부로 혹사시킵니다. 나이가 들어서 관절염이나 다른 통증들로 고생을 하지요. 그게 인과입니다.

학생 때 공부를 열심히 하면 빨리 성공을 하지요. 물론 뒤늦게 깨닫고 사회에 잘 적응하면 또 성공을 이룹니다. 그것도 모두 인과입니다.

정운찬 총리가 성장기에 어려운 시절을 보냈다고 하는데 어쨌든 특유의 성실함으로 출세의 가도를 달리고 젊은 나이에 서울대 총장까지 했습니다. 열심히 살아온 인과지요. 하지만 성공을 하게 되자 규칙을 어기고 다른 돈과 명예들을 주변에 두고자 한 모양입니다. 사소한 규칙 위반들이 모여 결국 총리가 되었을 때 곤혹스러움을 당하는 것 같습니다. 이것도 인과입니다.

제주도에서만 잡히던 고기가 요즈음은 동해안 서해안 가릴 것 없이 잡힌다고 합니다. 지구온난화 때문이지요. 태풍도 예전보다 위력이 더 세졌다고 합니다. 역시 지구온난화와 밀접한 관계가 있습니다. 자동차며, 에어컨이며, 각종 화석 연료들을 우리가 무분별하게 쓴 결과이지요. 고스란히 우리가 되돌려 받는 것… 이것이 인과입니다.

인생을 조절하는 것

없으면 숨을 못 쉬어 당장 죽게 되지만 평상시에 고마움을 느끼지 못하는 것이 있지요. 공기입니다. 너무 당연하기 때문에 그렇지요.

마찬가지입니다. 인과… 너무나 당연한 것이라 '그게 뭐냐?'라고 하지만 이것이 성인들께서 밝히신 '진리' 가운데 하나입니다.

절대 틀림이 없는 것. 틀림이 없어 너무나 당연한 것이기 때문에 저희들은 그것으로 미래를 예측하고 개척할 수도 있습니다. 조심하면 액운도 막을 수 있습니다. 이 당연함 속에서 우리의 인생사를 조절해나갈 수 있습니다. 다만 우리가 그 당연한 것을 알고도 무시하는 데서 실패도, 액운도, 좌절도 다가오는 것입니다.

이것이 인과因果입니다.

윤회의 핵심이 인과

이 생에서 눈으로 확인되는 것은 이제 인과로 인정할 수 있겠는데, 이 의두요목이 말씀하시는 것처럼 후생의 인과 보복은 어찌된 영문일까요?

후생 인과의 핵심은 '불생불멸不生不滅'의 이치가 있다는 사실입니다. '영생永生'이 있다는 것인데요. … '영생은 어떻게 운전되는가' 하면, 바로 '인과에 의해 윤회를 한다'는 사실입니다. '윤회의 비밀'을 알아야 후생의 인과보복 되는 이치를 알 수 있습니다.

이처럼 인과에 의해 윤회를 하는 '한 기운', 육신과 달리 영원히 죽지 않는 그 '한 기운'을 우리는 깨달아야 합니다.

왜 깨달아야 한다고 하느냐면 그냥 이론적으로 아는 것이 아니기 때문입니다. 스스로 증득하여 깨달아야 합니다. '아는 것'은 눈으로 보고 확인을 논리적으로 분명히 하는 것이지요. 하지만 '깨달음'은 과학적 증명과 논리적 확인이 아니면서 그것이 사실임을 아는 것을 말합니다.

이 '한 기운'은 공적영지의 광명으로 비추어볼 때 보입니다. 그냥 광명이 아니라 더 이상 그늘이 없는 절대적 광명을 '공적영지의 광명'이라 합니다. 텅 비어 적적하지만 그 안에 신령스럽게도 앎이 있는 것, 그것이 바로 '공적영지의 광명'이지요.

또 한 기운이 움직이는 과정을 '진공묘유의 조화'라고 합니다. 호리도 틀림없이 인과 따라 가게끔 하는 것이 바로 참으로 텅 빈 자리이되 묘하게 있어지는 것, 바로 '진공묘유의 조화'입니다. 진리는 이 절대적 광명과 불가사의한 조화에 의해 세상과 인생을 끊임없이 움직이고 계십니다.

인과는 영원 속 울림

그럼 우리는 어떻게 움직이느냐? 끊임없이 울림의 삶을 산다고 볼 수 있어요.

끝이 없는 평행선이 있다고 합시다. 불생불멸을 의미하는 본래심입니다. 거기에 사람은 각기 다른 진폭의 곡선을 그리며 살아갑니다.

본래심에서 멀어질 수도 있고, 조금만 벗어난 경우도 있지요. 그러나 다시 돌아옵니다. 그렇게 울림을 계속하며 살아갑니다.

계속된 평행선이 바로 '불생불멸'을 의미하며, 울림의 곡선이 바로 '인과'를 의미합니다.

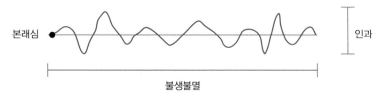

이 전체가 바로 공적영지의 광명이요, 그 복잡한 것 같은 과정이

진공묘유의 조화입니다.

기운이 부딪히면 폭발합니다.

영靈이라는 한 기운이 육신을 떠나 인과에 의해 새 몸을 받는 것도 하나의 폭발에 비유해볼 수 있습니다. 그래서 새로운 조합, 즉 새로운 몸을 받는 것이지요. 우리는 이것을 '음양상승의 도'라고 말합니다.

허공 속 유전인자

이처럼 우리의 육신은 유효기간 1백 년짜리 가죽 주머니육신일 뿐이니 1백 년이 지나면 지수화풍 사대로 돌아간다. 그리고 그 가죽 주머니 안에 담겨 가죽 주머니를 운전하는 영은 가죽 주머니가 수명을 다하는 순간 인과에 의해 새로운 가죽 주머니를 받는다는 것입니다. 앞서 말씀드린 '한 기운'의 움직임이 바로 그것입니다.

한 기운의 움직임을 결정짓는 것은 '인과'라는 것인데 이것을 풀이해보면 허공 속에 심어진 '업인業因'을 말합니다. 불교학적으로는 '제8 아뢰야식'입니다. 비행기의 블랙박스처럼 모든 걸 다 기록하고 있는 무의식을 말합니다. 또 과학적으로는 '허공 속에 있는 유전인자'라고 볼 수 있습니다. 그것이 숙명이 매하여 피차 알지 못하여도 인과 보복이 되는 원리입니다.

이것이 윤회의 비밀이고, 후생 인과의 보복되는 이치입니다. 후생 인과는 바로 영생이라는 바탕 속에서 움직이는 한 기운임을 깨달아야 합니다.

감수불보(甘受不報)

그럼 인과를 어떻게 받아들이며 살아야 할까?

첫 번째는 '감수불보'입니다. 달게 받고 쉬어버려야 합니다. 당연하고 필연적으로 받아야 할 것이라면 달게 받아야 합니다. 피한다고 다시 다가오지 않는 것이 아니라면 당연히 받아야 하는데, 억지로 마지못해 받는 것 보다는 달게 받으라는 것입니다. 억지로 마지못해 받을 때에는 때로 더 큰 화나 업을 불러들일 수 있기 때문입니다.

그리고 갚을 자리에 쉬어버려야 합니다. 역시 또 다른 업을 만들수 있기 때문입니다. 속담에 "호미로 막을 것을 가래로 막는다"는 말이 있습니다. 일이 더 커지면 삶이 더욱더 꼬이고 나중에는 자신의힘으로 어쩌지 못하는 경우까지 이릅니다.

인과는 받아야만 하는 것입니다. 부처님도 정업은 난면입니다. 기위 받아야 할 것이라면 감수불보, 달게 받고 갚을 자리에 쉬어버리는것이 인과를 현명하게 받아들이는 사람이 할 바입니다.

선도멸업(善導滅業)

다음은 '선도멸업'입니다. 날로 선업을 지어 미래를 개척해야 합니다. 그리하여 궁극에는 이 업을 멸도하여 대자유의 문에 들어서야 합니다. 그것이 부처의 길이지요.

부처와 중생은 종이 한 장 차이입니다. 똑같은 경계를 당하여 중생은 그대로 끌려가버리는데, 부처는 인과의 원리를 알아 그것이 어떻게 다가올지를 알고 그것에 대비하여 미래를 개척하기 때문에 다른 것입니다.

앞을 내다보는 사람은 실수를 하지 않습니다. 미리 보고 행하기 때문입니다. 저희들은 조금만 생각하면 내 말, 내 행동, 내 판단이 어떻게 되리라는 것을 쉬 짐작할 수 있습니다.

'대충 그렇다'는 생각에서 벗어나 인과를 진지하고, 속 깊게 받아들이면 삶의 방향이 틀려집니다. '선도멸업'으로 미래를 개척하며 사는 성자의 지혜를 나툴 수 있습니다.

득도불류(得道不流)

마지막으로는 '득도불류'입니다. 도를, 진리를 깨치고 다시는 흐르지 않는다는 말입니다.

'득도를 한다'는 것은 도를 얻는다, 진리를 깨친다는 말입니다. 진리는 우주와 인생의 원리를 말합니다. 우주의 순환무궁한 운행 원리를 알고, 인생의 이치를 확실하게 깨달아야 한다는 말입니다. 일어나는 마음을 다스리고, 근본 마음자리인 자성에 비추어보는 삶… 이것이 득도입니다.

불류不流, 즉 '흐르지 않는다'는 말은 어리석음을 반복하지 않는다는 말입니다. 물결에 휩쓸리지 않는다는 말입니다. 범계의 물결, 탐진치심의 물결, 각종 유혹의 속삭임에 휩쓸리지 않는다는 말입니다.

결국 득도불류라, 진리를 증득하여 더 이상 휩쓸리지 말아야 한다는 말입니다. '증득'은 아는 것과는 틀립니다. 몸으로 체화되어서 자동으로 되게끔 하는 단계를 말합니다.

본래 아무것도 없다는 텅빈 그 자리를 깨쳐 어디에 끌리거나 막힘이 없어야 합니다.

인과를 친구 삼자!

인과는 그렇게 돌파해야 합니다.

이것은 말로 되는 것이 아닙니다. 달게 삼키고 갚을 자리에 쉬는 것도 쉬운 일이 아니요, 날로 선업을 행한다는 일도 쉽지 않으며, 도를 깨쳐 그 본래심을 벗어나지 않으며 사는 것도 힘든 일입니다.

하지만 이 세 가지를 유념하여 저희들은 인과에 얽매여 사는 사람이 아니라 인과를 잘 선용하는 수도인이 되어야겠습니다.

어차피 다가오는 인과라면 인과라는 그물에 걸리지 말고, 인과라는 감옥에도 갇히지 말고, 인과에 짜증내거나 노여워하지도 마십시오. 인과를 '친구'로 삼아 편안하게 안고 사시면서 때에 맞추어 잘 활용한다면 반드시 해탈하는 영생의 문을 개척할 것이요, 부처의 지행을 나투며 사는 기연을 만들 것입니다.

한울님 경종소리여.
밝고 밝고 흘흔함이
널리 퍼져가네
圓音花 [인장]

원음화(圓音花)

유효기간이 많이 남았다고? 열반이 코 앞이다.
나는 삶의 곳곳에서 경종을 울렸는가?

'한 기운'으로 엮여 있다

천지는 앎이 없으되 안다 하니, 그것이 무슨 뜻인가?

이공주 항복하자

의두요목 18조인데요, 변의품 1장을 가만히 들여다봅니다.

대종사님께서 경강經講 시간에 '천지의 밝음'이라는 문제로 논쟁하는 제자들의 말씀을 가만히 들으십니다. 그리고 "천지에 식識이 있을까 없을까?" 하고 묻습니다.

그러자 구타원 이공주는 "천지에는 분명한 식이 있습니다" 하고 말하지요.

대종사님께서 다시 묻습니다. "식이 있는 것을 어찌 알 수 있을까?"

구타원이 말하십니다. "사람이 선을 지으면 우연한 가운데 복이 돌아오고 악을 지으면 우연한 가운데 죄가 돌아와서, 그 감응이 조금도 틀리지 않사오니 만일 식이 없으면 어찌 그같이 죄복이 구분되겠습니까?"

그러자 대종사님께서 그 구분하는 증거를 하나 들어보라고 하자 구타원이 손을 들고 맙니다. 그렇게 될 것이라는 신념만 있지 구체적으로 말하기는 어렵다는 겁니다.

자상하게 설하시고

그런데 대종사님께서는 자상하게 말씀해주십니다. 바로 의두요목 18번 "천지는 앎이 없으되 안다고 하니 그것이 무슨 뜻인가?"에 대한 답을 말씀해주시는 겁니다.

"현묘한 지경은 알기도 어렵고 가령 안다 할지라도 충분히 증명하여 보이기도 어려우나, 이제 쉬운 말로 증거의 일단을 들어주겠다. 그러니까 여러분들은 잘 듣고 가히 증거하기 어려운 지경까지 통하여 보라"고 하시며 말입니다.

그 말씀의 대체를 살펴봅시다.

땅이라는 게 말이지요, 말도 없고 움직이지도 않아서 세상 사람들이 다 무정지물로 알지만 자세히 살펴보면 땅에게도 소소 영령한 증거가 있다고 합니다.

예를 들어 농사를 지을 때 씨를 뿌리면 땅이 반드시 그 씨앗이 자라는 것을 도와줍니다. 팥을 심은 자리에는 반드시 팥이 나게 하고, 콩을 심은 자리에는 반드시 콩이 나게 하지요. 또 정성을 많이 들인 자리에는 수확도 많이 나게 하고, 정성을 적게 들인 자리에는 수확도 적게 나게 합니다. 또 정성을 잘못 들인 자리에는 손실도 나게 합니다. 그래서 조금도 서로 혼란됨 없이 씨앗의 성질대로 나게 하고, 정성을 들이느냐 아니냐에 따라 밝게 구분해줍니다.

이걸 보고 사람들이 "씨앗은 스스로 생의 요소를 가지고 있어 사람이 공력을 들이므로 나는 것이요, 땅은 오직 바탕에 지나지 않는다"고 할지 모르겠다고 말합니다.

그런데요, 씨가 땅의 감응을 받지 아니하고도 자기 혼자 어찌 자랄 수 있을까? 그리고 땅의 감응을 받지 않는 곳 예를 들면 물에 다가 혹은 유리상자 속에다가 심고 거름을 한들 무슨 효과가 있겠는가 하고 반문하십니다.

씨뿐만 아니라, 땅에 의지한 일체 만물이 하나도 땅의 감응을 받지 않고 나타나는 것이 없습니다. 그래서 땅은 일체 만물을 통해서 간섭하지 않는 바가 없고, 나고 죽는 권능을 사용하지 않는 바가 없습니다. 하물며 사람도 죽으면 흙이 되어 땅으로 돌아가지요.

땅뿐만 아닙니다. 하늘도 땅과 둘이 아닙니다. 해와 달과 별, 그리고 바람과 구름과 비와 눈이 모두 한 기운 한 이치라 하나도 영험하지 않은 바가 없습니다.

위력까지 없다

그래서 사람이 짓는바 모든 선악은 아무리 은밀한 일이라도 다 속이지 못합니다. 또 그 인과도 분명하여 어찌 대들지도 못하지요.

대종사님은 이렇게 말씀하시면서 "이것이 모두 천지의 식이며 천지의 밝은 위력"이라고 말씀하십니다. "천지의 식은 사람의 희·로·애·락과 같지 않은 식이니 곧 무념 가운데 행하는 식이며, 상 없는 가운데 나타나는 식이며, 공정하고 원만하여 사사가 없는 식"이라고 단정 지어 말씀하십니다.

더 나아가서 "이 이치를 아는 사람은 천지의 밝음을 두려워하여 어떠한 경계를 당할지라도 감히 양심을 속여 죄를 범하지 못한다. 한 걸음 나아가 천지의 식을 체 받은 사람은 무량 청정한 식을 얻어 천지의 위력을 능히 임의로 시행하는 수도 있단다" 하고 말씀하십니다.

천지를 이용하면 이용한 만큼 인과가 분명하게 돌아오는 이치를 아시겠지요?

그런데 '천지의 식을 체 받으면' 천지의 위력을 얻는다고 하셨는데 천지의 식을 체 받는 방법이 뭔가요? 천지은에 나오는 '천지 8도'입니다.

6식(六識)

변의품 1장을 통해 '천지의 식'만 살펴보니 당연한 것 같지요? 아무 생각 없이, 어떤 상도 없이 … 무념·무상의 식이라는 것 말이지요. 그래서 '사람의 식'을 알아보고 사람과 천지를 비교해봅시다.

'사람의 식', 즉 '사람의 앎'이란 게 뭐지요? 사람은 어떻게 아나요? 먼저 이 몸뚱이를 통해서 알지요? 사람에게는 육근이 있어요. 바로 '안이비설신의'지요. 그중에 몸뚱이에 해당하는 '안이비설신' 5가지를 통해 우리는 바깥의 것을 보고, 듣고, 냄새 맡고, 맛보고, 느껴서 알게 됩니다. 본격적으로 판단하기 전에 원초적으로 아는 것이라 해서 이 5가지를 '앞 전前'자를 써서 '전 5식'이라고 합니다. 안식, 이식, 비식, 설식, 신식이 그것이지요.

그리고 이 5식을 받아들여서 우리는 판단을 하고 '생각'을 하게 됩니다. 이것이 여섯 번째인 '의식'입니다. '6식'이라고 하지요. 사람이 죽어갈 때 '의식이 있냐 없냐?'고 하지요? 그때의 '의식'입니다.

7·8식(識)

다음에 7식과 8식이 있습니다. '7식'은 6식인 의식으로 우리가 분별을 하게 되면 그 다음에 좋은 것을 취하는 '집착'을 하게 됩니다. 바로 '나'라고 하는 의식이 생기지요. '나'라고 하는 존재감이 생기게 됩니다. 나이를 먹으면 먹을수록 '나라고 하는 존재감'이 강해지지요? 이것을 '자의식'이라고 합니다. 산스크리트어 '마나스'를 한문으로 표기해 '말나식末那識'이라고도 합니다.

그리고 이 자의식의 밑바닥에 숨겨져 있는 '잠재의식'이 있습니다. 겉으로 드러나는 '나'는 포장된 나지요. 그래서 항상 자기를 꾸밉니다. 그런데 이 잠재의식에는 모든 것이 기록되고 담겨 있습니다. 그래서 언젠가는 이것이 표출이 되지요. 이 잠재의식을 여덟 번째 식이라 해서 '제8식'이라고 합니다. 인도말로 '아뢰야식', 풀어보면 비행기의 블랙박스처럼 모든 걸 담고 있다고 해서 '함장식'이라고도 합니다.

우리가 행한 모든 것은 부정을 한다 해도 호리도 틀림없이 우리의 잠재의식에 함장됩니다. 마치 비행기의 블랙박스처럼 어느 하나도 지워지지 않고 잠재의식 속에 그대로 남아 있는 것이지요.

이처럼 사람들은 8가지의 식이 있습니다. 불교의 유식학적 입장에서 보는 관점입니다. 6근을 통한 '6식'과 나라고 하는 자의식인 '7식', 감추고 싶은 것까지도 다 함장하고 있는 '8식'이 그것입니다.

사람들은 아는 것을 통해서 분별을 하지요. 또 좋은 것을 취하는 집착을 합니다. 그러면서 업을 행합니다. 그 업에 의해 사람들은 진강급_{進降級}하며 윤회합니다.

식은 업을 만든다

자, 정리해봅시다. '사람의 식'은 다른 말로 '사람의 앎', '사람의 안다는 것'입니다. 사람은 앎을 통해 '분별과 집착'을 하게 됩니다. 다시 말해 '알면 병'이라는 말이 있듯이 알게 됨으로 인해 '업'을 짓습니다. 그것을 '정업'이라 합니다. 그리고 '업보'를 받게 되지요.

이처럼 식은 '업'을 만들지요. 사람의 식이나 천지의 식이나 마찬가지입니다.

업은 두 가지로 나뉩니다. '천업天業'과 '정업定業'이 그것입니다. '천업'은 천도법문에 나오는 말인데 '하늘이 주는 업'이고, '정업'은 유정물이 심신작용으로 일으킨 업을 말합니다.

다시 말해 우주가 공전과 자전을 하는 것이나, 물이 구름이 되고 구름이 다시 비를 뿌리는 풍운우로상설風雲雨露霜雪의 조화나, 사람과 동물이 진화하면서 자연에 맞게 신체구조가 만들어진 것처럼 천지의 모든 조화가 '천업'인 셈입니다. 또 지은 대로 받게 된다든지, 지성이면 감천이라는 당연한 이치도 '천업'입니다.

반면에 '정업'이라는 것은 사람을 비롯한 생명체가 마음 씀씀이에 의해서 세세하게 나타나는 특별한 반응들을 말하지요.

인간은 소우주라, 한마디로 우주에 나타나는 현상이 '천업'이요, 인간에게서 나타나는 것을 '정업'이라 합니다.

업은 윤회의 원인

그러면 인간에게 있어서 업은 어떻게 나타날까요?

일단 '마음속에' 업이 지어지면 그 자체가 독자적인 힘을 가지게 되는데 그것이 '업력業力'입니다. '업력'이라는 형상 없는 힘이 작용을 하면 그때부터 우리는 자유를 박탈당합니다. 선의 업력이 선을 낳고, 악의 업력이 악을 낳는 순환을 반복하기 때문입니다. 누구나 화가 나면 울컥 치밀어 오르기는 하지만 이내 멈추지요. 업력을 끌어내린 겁니다. 하지만 남대문에 불을 내야겠다고 마음을 먹고, 답사까지 하고, 직접 불을 붙인 것은 강한 업력이 작용한 것이지요. 나의 업을 조절하는 자유를 스스로가 놓친 것입니다.

그러면 업력은 왜 생길까요?

'업장業障' 때문입니다. 업의 장애물이란 뜻이지요. 업력에 의해 마음이 막히는 것을 말합니다. 마음이 무형의 장애물에 가려서 정당하게 보거나 듣거나 판단하지 못하여 일을 그르친다는 것입니다. 탐진치 삼독심이 우리의 마음을 가로막는 업장이 됩니다. 탐심 때문에 도둑질을 하고, 화내는 마음 때문에 의붓아들을 죽이고, 어리석은 마음 때문에 남대문에 불까지 놓게 되지요.

이 탐진치라는 '업장'을 놓지 못하므로 인해서 강한 '업력'이 생기고, 결국 '업'을 짓게 되는 겁니다. 그래서 천도법문에 '일체만사를 네 _{영가}가 짓고 짓는 줄로 확연히 아느냐'고 하신 것입니다.

업을 지으면 어떻게 될까요? 지은바 업의 대가를 반드시 치르게 됩니다. 그것을 '업보業報'라고 합니다. 부처님도 정업은 면하지 못한다고 하셨지요. 깨달아서 부처가 되지만 그 이전에 지었던 업이 부처가 된다고 해서 소멸되는 것은 아니라는 뜻입니다. 물리학의 질량보존의 법칙처럼 정확하게 남아서 작용을 하는 겁니다. 그것이 호리도 틀림없는 균형입니다.

업, 돌파할 수 있다!

자, 정리해봅시다. 우주만물이 변화하는 것은 '천업', 인간 같은 유
정물에게서 나타나는 업은 '정업'이라 했습니다. 한마디로 '천업'은
정해진 이치를 말하고, '정업'은 결국 마음작용에 의해서 나타나는 것
이구요.

그런데 인간이 우주에 포함되듯이 정업도 결국 천업에 포함되는
말입니다. 다만 굳이 인간 같은 유정물에게 나타나는 정업을 구분하
는 것은, 이 업이라는 것을 '숙명'으로 여기지 말라는 뜻입니다. '마음
작용에 의해 업을 짓는다_{정업}'는 말은 불변의 천업에 끌려다니는 수동
적 입장이 아니라, 나 스스로 업을 돌파할 수 있는 통로를 열어가자
는 능동적 입장인 것입니다.

업은 숙명이 아니라 돌파할 수 있는 것입니다.

천지 닮아가야

우리의 출발은 '천지의 식'이었습니다. '천지는 앎이 없으되 안다
했는데 그것이 무슨 뜻이냐?'는 것이 출발이었습니다.

'천지'는 '무념·무상으로 알고 행'하기 때문에 '원만구족하고 지공
무사'한 결과를 낳습니다. 천업이 그것이지요. 그런데 '사람'은 어때
요? '8가지의 식으로 '분별하고 집착'하기 때문에 '업력에 의해 업을
짓고 업보를 받아 윤회'하게 됩니다. 이것을 정업이라고 합니다.

'천지'와 '사람'의 차이를 분명하게 아시겠습니까?

그래서 '무념·무상의 천지 식을 알아 우리가 천지를 닮아가자'는 것이 바로 이 의두가 우리에게 바라는 요지입니다. 사람과 천지의 차이를 분명하고 구체적으로 알아야 천지의 위력을 알 수 있기 때문입니다.

우리가 닮아갈 천지의 위력은 '천지은'에 나오는 '천지 8도'입니다. 오늘 이후 〈정전〉의 '천지보은의 도'와 〈대종경〉 '변의품 1장'을 다시 한번 읽고 곰곰이 되새기는 시간을 가져봅시다. 마치겠습니다.

인과가 틀을 만든다

열반을 얻은 사람은

그 영지가 이미 법신에 합하였는데,

어찌하여 다시 개령(個靈)으로 나누어지며,

전신(前身) 후신(後身)의 표준이 있게 되는가.

의두요목 19조인데, '죽어서 이 육신은 없어지고 끝인데 어찌 다시 태어나며, 전생의 몸과 후생의 몸이 왜 달라지는가?' 이 뜻입니다. '윤회는 왜 이루어지고, 윤회할 때 왜 변해지는가?' 이 말입니다. 단적으로 윤회의 비밀을 확실하게 알아 현재 삶의 표준으로 삼으라는 것입니다.

갯벌

여름이라 사람들이 바닷가를 많이 찾습니다.

동해안은 모래와 짠 바닷물이지만 서해안이나 남해안을 가면 모래 대신 갯벌이 많이 있습니다. 익히 알다시피 갯벌은 물을 담아놓은 논의 흙처럼 죽 같지요. 발을 한번 디디면 잘 빠지지 않는다고 해서 '뻘밭'이라 합니다.

바위나 자갈이 오랜 시간 동안 파도를 맞고 쪼개져 모래가 되고, 이 모래들이 또 오랜 시간 동안 깨지고 깨져 입자가 아주 고운 흙이 되는데 뜨거운 태양 볕에 쪄지고 쪄져서 끈적끈적하고 점성이 높은 진흙이 됩니다. 죽을 식히면 굳어지듯이 이 진흙이 오랜 시간이 지나거나 압력을 받으면 또 굳어져서 바위가 됩니다. 이렇게 바위가 진흙이 되어서 끝나는 것이 아니라 시간이 지나면 다시 굳어 새로운 모습의 바위가 되지요. 이렇게 우주의 성주괴공은 반복하여 순환을 합니다.

죽었다

사람이 죽거나 돌아가신 걸 열반涅槃이라 합니다.

열반이란 말은 바람을 불어서 촛불이 꺼지듯이 '불어서 꺼진다'는 인도말입니다. 니르바나nirvāna라는 인도말을 중국 사람들이 소리나는 대로 한자로 적어보니 열반涅槃이라는 말이 되었습니다. 중국말로는

'니에–판'이라고 읽습니다. 니르바나 비슷하지요? 어떻든 '불어서 꺼진다'는 말이 '죽는다'는 말을 의미하게 되었지요.

'죽는다'는 말은 '죽이 된다'는 말인데 더 이상 쪼개지지 않는 지경까지 간다는 말입니다. 한마디로 끝까지 갔다는 말로 '죽이 되었다'고 많이 쓰지요. 일이 아주 잘못되어서 망친걸 보고도 '죽을 쒔다'고 합니다.

그런데 이 중국 사람들이 현명했던 것 같아요. 열반涅槃이란 한자를 보면 열涅은 '갯벌흙'이란 뜻이고, 반槃은 '쟁반'할 때 반입니다. 한마디로 인도말을 소리 나는 대로 중국말로 적기는 했는데 '쟁반처럼 넓은 갯벌', 새만금 같은 갯벌을 말합니다. 흙과 바위가 부서져서 마지막에 이른 '뻘밭'이지요.

돌아 가셨다

자… 그런데 하나 묻지요. 죽으면 끝인가요? 바위가 부서져서 죽이 된 뻘밭이 되면 끝인가요?

죽이 굳듯이 뻘도 오랜 시간이 지나면 뭉치고 뭉쳐져서 다시 단단한 새로운 암석이 되듯이 우리의 죽음도 일정한 시간을 거쳐 새로운 몸으로 태어납니다. 죽는 걸 보고 우리는 '돌아가셨다'고 합니다. 어디로 돌아가는 걸까요? 원래 있던 곳으로 다시 가는 걸 일러서 우리는 '돌아간다'고 합니다. 부서지고 부서져서 죽이 되면 다시 새로운 형태의 바위로 돌아갑니다. 우리의 몸도 사용하고 사용해서 낡아 죽으면 다시 새로운 몸을 받습니다. 그래서 '돌아간다, 돌아가셨다'고 합니다.

'죽는다'는 말은 '죽이 된다'는 말입니다. 뻘밭, 즉 '열반한다'는 말입니다. 다시 원래로 '돌아간다'는 말입니다. 그래서 죽는다는 것이 원래로 돌아가듯 모든 번뇌가 꺼져서 대해탈에 든다는 뜻도 가지게 됩니다.

이처럼 열반은 죽는다는 의미를 넘어 돌아가셨다는 말입니다. 그럼 어떻게 돌아가는지 알아볼까요?

틀

죽을 쑤면 어떻게 굳나요? 솥이나 그릇의 모양으로 굳습니다. 솥 모양이나 그릇의 생긴 모양대로 덩어리가 되지요.

그래서 우리는 '틀'이란 걸 만들어서 물건을 만듭니다. 쇠를 녹여서 도끼 모양의 틀에 부으면 도끼가 되고, 둥근 원통의 틀에다가 액상 고무를 부으면 양동이가 되지요. 가마솥을 만들려면 그 모양처럼 틀을 만들어서 쇳물을 부으면 가마솥이 됩니다. 물도 냉동실에 넣으면 부어놓은 틀에 따라 그 모양으로 얼음이 됩니다. 갯벌의 흙도 어떻게 뭉쳐져 압력을 받느냐에 따라 바위의 모양새가 틀려지지요. 이처럼 틀에 따라 생긴 모습이 달라집니다.

그래서 '틀'을 잘 만드는 것이 중요합니다. 틀을 이상하게 만들면 물건도 이상한 모습으로 나오지요. 비싼 물건들은 틀을 정교하게 잘 만들어서 물건이 잘 나옵니다. 그렇듯 우리가 한생을 살면서 만들어놓은 것이 바로 '틀'입니다.

인과

우리가 죽으면 살아 있는 동안 행한 모든 것이 틀이 되어 그 틀에 들어가 굳어지면 그 틀 모양의 새 몸을 받습니다. 틀은 잘 만들면 잘 만든 대로, 잘못 만들면 잘못 만든 대로 호리도 틀림이 없이 그대로 나옵니다. 틀을 만들다가 삐긋해서 한쪽에 흠이 생기면 찍어서 나온 물건도 한쪽에 흠이 분명히 새겨져 나오듯이 말입니다.

그런가 하면 단단한가 무른가에 따라서도 달라집니다. 송편을 만들 때 대충 눌러놓으면 옆구리가 터지지요? 하지만 잘 저며 놓으면 안 터지고 예쁜 모양이 됩니다. 죽처럼 된 갯벌흙이 강한 압력을 오랫동안 받으면 단단한 바위가 되고, 짧은 시간에 약한 압력만 받으면 무른 바위가 되지요. 틀도 중요하지만 '정성'이 얼마나 들어갔느냐에 따라 단단함과 무름의 차이가 납니다. 이것을 우리는 인과因果라고 합니다. '원인에 따른 분명한 결과' 말입니다. 그래서 그 '틀'을 잘 만들라고 하지요.

붕어빵 다듬기

이 틀을 다듬는 작업을 할 수도 있습니다. 본인이 아니라 남들이

해줄 수 있는 일입니다.

붕어빵을 어떻게 만드는지 보셨나요? 밀가루 죽을 붕어빵 틀에 넣지요. 그러면 붕어빵 틀의 모양대로 붕어빵이 나옵니다. 이 붕어빵 틀은 단단한 쇠로 공장에서 나와 있는 것이라 내가 다시 모양을 바꾸어서 파낼 수는 없지요.

하지만 붕어빵이 완성되어 나왔을 때 주변에 밀가루 죽이 번지며 함께 찍혀 있는 부스러기는 떼어낼 수 있지요. 붕어빵 파시는 분이 갈고리로 이 부스러기 떼어서 잘 생긴 붕어빵 모양으로 만드는 것을 보셨습니까? 그렇게 안 하면 틀대로 나오기는 해도 모양새가 별로지요. 49일간 우리가 올려드리는 천도재가 바로 다듬어드리는 역할입니다. 또 매년 올려드리는 열반기념제나 영모실에 모셔서 매달 올려드리는 독경이 바로 부처님의 위력을 빌어 만들어진 틀대로 몸을 받아 태어난 분을 위해 계속 다듬어드리는 역할입니다. 죽으면 끝이 아니라 새로운 삶을 살고 있는 내 인연을 위한 축원입니다. 사실상 돌아가신 분을 위한 효도인 셈이지요.

법신으로 돌아가심

이제 마지막으로 어디로 돌아가는지를 알아보기 위해 정리를 해봅시다.

우리는 주변의 인연을 보내면서 열반을 목도합니다. '열반'은 '죽는다'는 말입니다. '죽는다'는 '죽이 된다'는 말과 같다고 했는데 '죽이 된다'는 말은 끝이 아니라 '원래로 돌아간다'는 말입니다.

그래서 열반은 끝이 아니라 모든 것을 내려놓고 대자유가 주어진 다고 해서 '해탈'을 뜻하기도 합니다. 그래서 '육신'은 유효기간이 다 되어 이제 '소멸'되지만 그 '영靈=영혼, 영지'은 온 우주에 충만한 '법신法身'에 합한다는 말입니다. 진리에 계합한다는 말이지요.

대령과 개령

바위가 소멸하여 더 이상 쪼개질 수 없는 뻘이 되면 나뭇잎이 썩어 다른 생명의 거름이 되듯이 이 갯벌에서는 조개 같은 무수한 생명이 태어나기도 합니다.

다시 말해 수명이 다한 '육신'은 썩어 다른 생명의 '젖줄'이 되고, 뻘이 압력을 받아 다시 바위가 되듯 '영'은 '법신'에 합해 있다가 전생에 지었던 인과라는 틀에 의해 다시 '새 몸'을 받습니다.

'법신'을 우리는 온 우주에 충만한 큰 하나의 영이라 하여 '대령大靈'이라 합니다. 대령은 시간과 공간적 개념이 아닌 '영구불멸한 본원'이며 모든 시공에 현현한 '원래'입니다. 그리고 '새 몸 안에 들어간 인과에 의해 나누어진 영'을 '개령個靈'이라고 합니다.

인간이 환경을 무시하여 자연을 파괴하니 이상 기온이 찾아오듯이 법신이라고 불리는 대령도 '균형 유지를 위해서' 인과에 따른 틀로 개령을 방출해냅니다. 인과가 무시되면 대령법신의 균형도 깨어지겠지요. 이건 일부러 하는 것이 아니라 자연스럽게 되는 일입니다.

결국 대령법신과 개령화신은 '보이지 않는 세상과 보이는 세상의 관문'이며, 대령과 개령의 구분은 생생약동하는 세상의 속성 속에 '윤회의 본질'이라 할 수 있습니다.

전신·후신의 표준

우리가 새 몸을 받을 때에는 일생 동안 살아오며 지었던 인과에 의해 그에 맞는 틀이 자연히 주어지기 때문에 전생과는 생김새도, 건강도, 환경도 모두 달라지는 것입니다.

그래서 대종사님께서 "지금 나의 모습을 보면 전생을 알 수 있고, 또 지금 나의 살아온 바와 살아갈 바를 보면 다음 생을 알 수 있다"고 하신 것입니다. 즉, 전신과 후신의 구분은 '인과의 분명함'을 보여 주는 것이고, 그 표준은 '법신을 품은 화신의 구현, 즉 성불'이라고 할 수 있겠습니다.

그래서 우리는 '윤회를 하는 이치'와 '윤회를 할 때는 변화를 한다'는 원리를 잘 알아서 주어진 이 한생만 마음껏 즐기며 소모하지 마시고 언제나 '내생을 복 되게 준비하는 길을 밟아야 할 것'입니다.

결국 내생을 복 되게 준비하는 길이 또한 '이 생을 잘 사는 길'이 되기도 합니다. 이미 열반에 드신 분들은 생전 '정업定業은 난면難免'이어서 새로 받을 몸의 틀은 변하지 않으나, 붕어빵 이야기를 드렸듯이 새 몸을 받을 때 잘 다듬어 내생에 잘 사실 수 있기를 기원드려야 합니다. 아울러 이런 의식에 동참하여 우리의 열반길도 잘 열어야 하는 것이구요. 천도재에 동참하는 것을 생전 예수재豫修齋라고 합니다. 죽기 전에 내가 직접 예비로 닦아놓는 나의 열반길이라는 말입니다.

주변 동지를 열반길에 보내본 적이 있다면 의두요목 19조를 통해 윤회의 원리를 알아보고 표준을 세워 우리가 나아갈 길을 알 수 있는 것입니다.

자유란
그물 벗어난 물고기
다시 물에 걸리지
않는것 삶은 언제나
새롭게 발견되어져야
할 원출한 꽃
自由花

자유화(自由花)

아직도 돈과 지위와 가족인가?
대해탈과 참 자유로 삶을 자신 있게 마무리하자!

의두요목 20

아직도 신을 찾으십니까?

나에게 한 권의 경전이 있으니
지묵으로 된 것이 아니라,
한 글자도 없으나 항상 광명을 나툰다 하였으니,
그것이 무슨 뜻인가.

의두요목의 마지막 20조인데요, '아직도 신(神)이나 깨달음을 찾고 계십니까?'란
다소 도전적인 제목으로 시작합니다.

나 그리고 경전

자, 이 의두를 직설적으로 풀어봅시다.

여기에서 '나'는 대종사님 당신을 포함해서 모든 개별적인 '나'를 뜻
합니다. 모든 사람들 각자에게 해당한다는 말이지요.

그리고 '경전'은 우리 모두가 알고 있는 대로 '틀림없는 진리의 기

록'을 말합니다. 짧은 경전이든, 8만 4천 법문을 새겨놓은 경전이든 모든 경전이 지향하는 바는 '진리 당처'에 대한 알림입니다. 모든 경전을 살펴봅시다. 성경의 궁극은 '하나님'이니, 그분의 존재와 그분의 말씀과 행하심을 전합니다. 코란의 궁극도 '하나님'이요, 불경의 궁극은 '부처님'이며, 도전의 궁극은 '자연'입니다. 한마디로 경전은 우주만유 전체가 한 덩어리로 '진리 당처'임을 기록하고 있습니다.

그런데 이 경전은 보는 사람들의 분별에 의해 각각 다르게 해석되어지며 오염의 길을 걷습니다. 개인적인 확신과 자신의 유·불리에 따라 경전을 맞추기도 합니다. 경전은 순수하기 때문에 그 어디에 맞추어도 맞지요. 그래서 구분이 없이 하나를 지향해야 할 경전이 '근본주의자'들에 의해 폭이 좁아지기도 합니다. 우리의 '분별'에 의해 경전이 본래 면목을 상실한다는 말이지요.

나의 경전

'나에게 한 권의 경전이 있다'는 말은 '내가 곧 진리 당처'라는 말입니다. 하나님은 거룩하시고 나는 세속적인 미물이며, 부처님은 성스러운데 나는 중생이라는 '나눔'이 아닙니다. 오염되기 전의 나는 하나님 자체이며 부처님 자체입니다. 오염되기 전 '본래자리'임은 알 것 같은데, 하나님이나 부처님까지는 너무 나간 거 아닐까 하는 생각이 드시지요? 저희들이 하나님이나 부처님을 '인격적'으로 생각하는 데서 오는 오해가 그 첫째이고, 그 둘은 하나님이나 부처님은 '위력적'

인데 나는 아무리 본래 마음이더라도 위력힘이나 능력은 없지 않느냐 하
는 것입니다. 위력은 오염되지 않은 생각과 순수하고 순리에 맞는 행
동 속에서 그대로 발현됩니다. 위력이 없다면 그건 오염되었기 때문
입니다. 가만히 생각해보시기 바랍니다.

결국 '내 경전'은 진리 그 당체인 오염 전 본래 마음을 뜻하며 우리
모두가 하나씩 가지고 있다는 말입니다.

글 없는 경전

경전은 일반적으로 글이 적힌 책자로 알고 있지만, 여기서는 미리
밝힙니다. 지묵으로 된 것이 아니라 한 글자도 없다고 말입니다. 종
이에 적힌 글자는 진리를 가르치기 위한 수단일 뿐이지 그 자체가 진
리는 아니라는 것을 에둘러 표현한 것입니다. 달을 보려는 사람에게
그 위치를 알려주는 손가락은 수단일 뿐이지 손가락이 달은 아닌 것
과 같은 이치입니다.

한마디로 말과 글이 끊어진 '언어도단의 입정처'라는 말입니다.

어머니의 사랑을 말이나 글로 다 표현할 수 있을까요? 따뜻하다,
한이 없다, 너무 크다, 조건이 없다 … 등 수없이 많은 말로 표현해도
말에 불과할 뿐이지요. 마찬가지로 하나님진리이라는 것, 부처님의
마음이라는 것도 말이나 글로는 다 표현을 못한다는 말입니다. 그래
서 흔히 우리는 '관조觀照'라는 말을 씁니다. 거울처럼 비추어본다는
말입니다. 형태 있는 것을 말로 설명하려면 복잡해지지만 있는 그대

로 거울에 비추어보듯 사진이나 3D 영상으로 보여주면 더 이상 말이 필요 없지요? 왜곡 없이 있는 그대로 비추듯 형태가 없는 마음도 마치 거울처럼 비추어봐야 한다는 말입니다. 말과 글은 수단이며 불완전합니다.

신의 특징

자, 평범한 사람과 구분되는 하나님신이나 부처님의 특징이 있는데 뭘까요?

많이 있겠지만 딱 두 가지로 요약해보면, 요술처럼 생각한 대로 이루는 것과 영원히 죽지 않는다는 것입니다. 동의합니까?

그런데 이 의두에서 이 두 가지가 '평범한 사람'에게도 있음을 알려줍니다. 다시 말해 평범한 사람과 하나님이나 부처님이 동격이라는 비밀을 알려줍니다. 살펴볼까요?

글 없이 나투다

먼저 '나의 경전'이라는 게 지묵으로 된 게 아니라 한 글자도 없다고 했습니다. 말을 아무리 잘하고 글을 아무리 잘 써도 거울로 비추거나 사진으로 찍어서 보여주는 것보다 분명하지는 않지요? 경전의 글은 애써 진리하나님, 부처님를 가리키고 있지만 한계가 분명한 수단일 뿐입니다. 모든 사람들이 알아듣게 하지는 못하기 때문입니다.

그래서 말과 글을 그치고 사진을 찍어야 합니다. 왜곡이나 불완전함이 없이 거울로 비추어 봐야 합니다. 말과 글을 놓고 그대로 비추어 보는 것, 이걸 유식하게 '언어도단의 입정처'라고 합니다.

설계도가 뭘까요? 내가 생각하고 구상했던 것을 그림으로 표현한 것을 말합니다. 이처럼 생각을 밖으로 표현해내는 것을 '나툰다'고 합니다. '나투다'는 말은 '나타낸다'는 말입니다.

말이나 글이 끊어진 자리라는 것은 역설적이게도 말이 필요 없고 오로지 행동으로, 실천으로, 그대로 나타낸다는 뜻입니다. 즉, 거울이 그대로 비추어내듯이 말과 행동이 일치하는 자리라는 겁니다.

오염된 중생들은 말만 하다가 말지요. 생각으로는 1등도 하고 싶고, 돈도 많이 벌고 싶고 하지만 생각 따로, 말 따로, 그리고 나타나는 것 따로지요? 그런데 절대자神는 생각한 것이 그대로 나타나고, 말한 것이 그대로 나타납니다. 우리가 흔히 위력이라고 생각하는 마술과는 달라요. 쇼에 나타나는 마술은 '눈속임'이며, 예전에 몰랐으나 지금은 놀라움으로 나타나는 것 예컨대 비행기나 스마트폰은 '과학'입니다.

다시 말해 '지묵이 없는 경전'은 말과 행동이 하나 되는 자리를 그대로 나투어내는 것입니다. 신神이 따로 있지 않아요. 생각한 바를 실천으로 그대로 나툴 수 있으면, 다시 말해 말과 행동이 하나 되는 자리를 만들어내면 그게 바로 하나님이자 부처님이며 본래 면목입니다.

항상 광명을

신들의 두 번째 특징은 영원히 안 죽는 거라 했지요. 불로초를 안 먹어도 영원히 산다는 거예요. 이게 '유무초월의 생사문'입니다.

유무有無는 생로병사와 같이 변하는 것을 말합니다. 변화를 뛰어넘는, 생사를 왔다 갔다 하는 문門이 있다면 영원히 사는 것이지요. 타임머신 같은 겁니다. 그게 있어요. 두려워서 자꾸 부정을 해서 탈이지만요.

우리가 착각을 해서 이 몸뚱이로 영원히 사는 방법을 찾습니다. 하지만 정말로 착각입니다. 이 몸의 유효기간은 대략 100년입니다. 그래서 100년 뒤에는 다른 새 몸을 찾아 가면 되는 겁니다. 이렇게 하면 영원히 살지요.

그런데 우리는 100년만 살다가 이 몸이 가면 나 자신도 끝나는 걸로 생각을 해요. 그래서 선업을 쌓으러 고생해봐야 뭐하냐 하면서 함부로 살지요. 그런 어리석음 때문에 내생을 망칩니다. 영원히 산다는 것을 알아야 됩니다. 다만 이 몸은 100년씩만 사용한다는 것. 그 뒤에는 지은 바에 따라 새 몸을 받는다는 것입니다.

한마디로 변화에 집착하지 않으면 된다는 말입니다. 눈에 보이는 이것에만 집착하지 않으면 우리는 자꾸 변화하며 영원히 삽니다.

그래서 죽지 않고 '항상' 광명을 나툰다고 했습니다.

신이 따로 있나?

원불교식으로 표현을 해봅시다.

'나에게 있는 한 권의 경전'은 '일원상 진리', 즉 변치 않는 성품을 말합니다.

'한 글자도 없이 광명을 나툰다'는 말은 '언어도단의 입정처'로 본래 자리를 그대로 나투어내는 것입니다. '항상'은 '유무초월의 생사문'으로 잠깐만이 아니라 영원히 그렇게 한다는 말입니다. 영원히 본래자리를 떠나지 않고 세상사에 임한다는 말입니다. 이렇게 살면 중생이 아니라 내가 신과 동격이 되는 것입니다. '감히 신을 운운'이 아니라 '원래대로 못 산 내가 만들어낸 것이 신'이며, '이제야 하나로 합일'되니 '나와 신이 동격'이라는 겁니다. 어찌 '나'를 되찾으셨습니까?

하나이니 하나로

화두 연재

깨달음이라는 것도 사람마다 차이가 있는 법입니다.

그래서 부처님께서는 8만 4천 무량법문을 하셨고, 선불교에 들어와서는 1,701개의 공안이 양산되었고, 대종사님께서는 20개의 의두를 간택하거나 창제하셨습니다. 대산 종사께서는 이것도 번다하게 여기셨는지 의두요목 중 선불교의 공안 3개와 대종사·정산·당신의 게(偈) 각 1개씩을 추려 6개의 '대적공실' 법문을 내리셨습니다. 그리고 이것으로 교단 100년을 준비하라 하셨습니다.

대적공실 6개와 의두요목 20개 가운데 겹치는 3개를 제외하고 23개의 의두를 〈한울안 신문〉에 연재했습니다. 지면을 허락해주셔서 감사합니다.

절필과 공부

〈원불교 신문사〉를 떠나며 절필을 했습니다. '글'이라는 게 알리고, 가르치고, 배울 수 있어 좋았지만 한편으로 수도인에게는 번다했습니다. 요즈음은 수도인뿐만 아니라 일반인들도 너무나 말이 많은 세상을 살아갑니다. 그만큼 시비이해가 많아진 것뿐만 아니라 그 분별이 빨라졌고 끼치는 업들도 무거워졌습니다. 한마디로 '닫음'이 요청된다는 것이 시대정신이라 생각되어졌습니다. 그래서 절필했습니다.

글을 달라는 요청은 여전히 많이 들어왔습니다. 모두 거절했습니다. 하지만 이것은 거절 못 했습니다. 대적공실과 의두요목! 변변한 참고서나 해설서 하나 없는 상황에서 우리가 '공부'로 만나는 것은 해야 한다는 것이었습니다. 만일 또 하나의 티끌이라 여겨졌다면 시작을 하지 않았을 터입니다. 그리고 '깨달음'을 향해 모든 것을 내건 사람과 그것을 좇는 사람을 위한 경외(敬畏)였습니다.

저를 보입니다

사실 1,700공안이나, 20개 의두요목이나, 6개의 대적공실 등은 결론이 모두 같습니다. '진리'를 전달하는 방식이라는 겁니다. 접근 방식과 받아들이는 각도에 따라 다른 모습을 취한 것일 뿐입니다. 그럼에도 굳이 해석을 하고자 했던 것은 언어의 사회성이나 그에 따른 인식의 차이가 존재하기 때문입니다. 한글을 읽기 위해서는 가나다라…를 배워야 하는 것처럼 이 연재는 답이 아니라 접근 방식을 내보였다고 하는 것이 맞겠습니다. 제가 접근하는 방식을 내보임으로써 각자의 방식대로 접근하며 진리를 접하도록 했다는 것입니다.

아이를 가진 지 4개월 된 청년에게 보낸 편지가 있습니다. 그것으로 23개 의두기행을 결론지으려 합니다. 그리고 거기에 붙여 반드시 성리품 28장에 나오는 '염소 먹이기'를 잊지 말라는 당부를 드립니다.

하나

아이 가진 ○○야 축하한다!

네 안에 꿈틀거리는 준비된 생명은 너와 한 몸. 분명한 네 몸인데 언제까지 하나이고 언제부터 둘일까? 출산 후에는 둘일까? 내가 낳은 핏줄이니 사랑으로 하나라지만 더 커서 독립하면 둘일까? 어릴 때 헤어진 엄마와 자식은 서로를 몰라보니 아주 둘일까? 시간이 많이 흐르면 더 분명한 둘일까?

아니란다. 원래 하나인데 분별分別하면 둘!

엄마와 네가 태중에 하나였듯 한 다리 건너보면 동생들도 하나. 더 건너면 친척들과도 하나이고 남편과도 하나, 모든 이들과도 하나. 우리의 '분별'이 내 자식이나 다른 사람도 둘로 만드는 것!

결국 온 세상이 하나란다. 그래서 없는 곳 없이 다 얽혀 있는 우주만유가 큰 생명인 하나님! 사람의 모습을 한 인격적 신은 우리의 상상일 뿐. 온 누리가 하나의 생명인 하나님이란다. 난 일원상圓=○이라 부르지.

무심한 농약 하나가 우리를 병들게 하고, 작은 매연 하나가 북극곰과 이별하게 하듯 파동 하나가 영향을 미치며 하나님을 아프게 하고 인과라는 이름으로 균형을 유지하게 한단다.

아이가 지금 너와 하나이듯 언제까지 기억하며 일생 동안 분별하지 말고 아이와 남편을 하나로 사랑해라. 그리고 엄마와 동생들, 나아가 모든 사람과도 하나임을 분명히 기억해서 언제나 하나로 사랑해라. 널 사랑한다.

염주(나와 하나 된 우주)

세상의 모든 색을 다 합하면 괴색(壞色)이 된단다. … 무너뜨릴 괴(壞), 괴색!
세상의 모든 것을 다 합하여
모든 것을 다 무너뜨릴 수 있는 것이 바로 이 괴(壞) 빛이다.
그래서 스님들의 가사도 천 108조각을 꿰어 괴색을 낸단다.
염주도 괴색인 이유가 108번뇌 모두를 무너뜨리기 때문이란다.
괴색 염주를 돌리는 건 나와 우주가 하나 되기 위함이다.

기원문 결어

기원문 결어

'기원문 결어'는 대산 종사님께서 열반하시기 7, 8년 전부터 제생의세(濟生醫世)의 실
현을 위해 당신의 간절한 염원을 담으신 게송과 같은 기도문입니다.

매일 방에서 혼자 외우시고, 영모묘원 비닐하우스에서 들판의 영가들을 향해 외우시
고, 수계농원에서도, 원기 83년(1998) 열반 직전 열이 37, 38도가 되어도 시자들에게
이 '기원문 결어'를 계속해서 외우게 하시고 풀어보라 하셨습니다. 병중 법문 삼매이
셨습니다.

원기 80년(1995) 당시 좌산 종법사님은 UN을 방문하여 '기원문 결어'에 바탕을 두어
이것을 구현하고자 '세계평화 3대 제언'을 하신 적이 있습니다. 그때 다녀오셔서 UN
깃발을 대산 종사께 올리셨지요.

기원문 결어

일상원 중도원 시방원.

주세불 불일중휘 법륜부전 조사 불일증휘 법륜상전.

세계부활 도덕부활 회상부활 성인부활 마음부활.

네 가지 훈련 자신훈련 교도훈련 국민훈련 인류훈련.

대서원 대정진 대불과 대불공 대자유 대합력.

대참회 대해탈 대사면 대정진 대보은 대진급.

일원회상 영겁주인 일원대도 영겁법자.

천불만성 발아 억조창생 개복.

무등등한 대각도인 무상행의 대봉공인.

대종사님의 일대경륜 제생의세.

진리는 하나, 세계도 하나,

인류는 한 가족, 세상은 한 일터,

개척하자 하나의 세계.

이 세계는 하나의 마을, 이 세계는 하나의 가족,

이 세계는 하나의 세계, 세상은 한 일터,

개척하자 하나의 세계.

아! 대산 종사

기원문 결어?

단순한 개인적 바람을 '소원'이라 합니다. 그런데 이것을 넘어서서 큰 뜻을 담고 굳건한 다짐을 실은 바람을 '서원'이라 합니다. 그리고 '기원祈願'이란 서원을 절대자에게 빌고 또 약속하는 것입니다. 절대자는 하나님이나 부처님, 혹은 법신불을 이야기 하지요. 종교에 따라 이렇게 인격화시켜놓긴 했는데 저희들은 '진리'라고 부릅니다. 원불교에서는 '일원상진리'라고 부르지요.

아무튼 '기원문'은 그 바람을 쓴 글인데, '결어'는 '총체적인 결론이다'는 것입니다.

따라서 '기원문 결어'는 '궁극적 바람의 총체적인 결론' 또는 '간절한 기원의 마지막 결론'이라고 말할 수 있습니다.

대산 종사의 염원

이 '기원문 결어'는 대산 종사님께서 열반하시기 7, 8년 전부터 당신의 간절하신 기원을 담아 기도를 하신 것인데요. 제생의세濟生醫世의 실현을 위한 염원을 담으신 게송과 같은 기도문이라고 볼 수 있습니다.

대산 종사님께서 영모묘원 비닐하우스에서 들판의 영가들을 향해 외우시고, 수계농원에서도, 열반직전 하와이에 가서서도 하루에 수십 번을 외우시고 기원하셨던 것이 바로 이 '기원문 결어'입니다.

매일 방에서 혼자 외우시고, 원기 83년 열반에 드실 무렵에 몸의 열이 37, 38도가 되면 시자들에게 '기원문 결어'를 계속해서 외우게 하시고 풀어보라 하셨습니다. 당시 시자였던 이성국 교무는 하루에 30번을 읽어드렸다고도 하셨습니다. 병중 법문 삼매이셨습니다.

열반 두 해 전인 원기 81년 하와이 봉불식에 가서서도 '기원문 결어'를 밝히셨습니다. 이 뜻은 세계만방에 이 기원을 전하려 하신 것이 아닌가 합니다. 원기 80년 당시 좌산 종법사님은 UN을 방문하여 '세계평화 3대 제언'을 하신 적이 있습니다. 바로 이 '기원문 결어'에 바탕을 두어 이것을 구현하고자 하는 의지의 표현이셨습니다. 그때 다녀오셔서 UN 깃발을 대산 종사께 올리셨지요.

관조하며 산책하기

왜 그토록 간절하게 외셨을까요? 참된 진리에 바탕해서 모든 생령들을 건지고 세상을 구하겠다는 염원이셨습니다.

병석에서도 염원하셨던 것은 당신의 뜻을 저희 모두에게 전해 세세생생 이 다짐으로 살라 하신 뜻입니다. 대종사님과 정산 종사님의 일대경륜을 펴시고자 하는 간절하고 간절하신 기원이 담긴 법문을 세계에 펴시고자 하신 뜻입니다.

저희들도 이것을 알고, 외고 또 외우면서 진리를 통해 제생의세 하겠다는 다짐을 하자는 것입니다.

원불교 100주년을 앞두고 전국을 순회하며 10여년을 달렸던 '원불교100년 성업 대정진 릴레이 기도'. 이 기도를 하면서 저희는 '기원문 결어'와 '대적공실' 의두를 반복해서 법어 봉독을 했습니다.

그런데 이 법어는 두 가지 모두 뜻이 심오해서 일단은 풀어서 한번 듣고, 관조로 깨쳐 들어가야 합니다. '대적공실'은 풀어봤으니 이 '기원문 결어' 산책을 떠나보시지요.

진리란 이것이다

기원문 결어는 모두 12개의 표어로 되어 있는데 먼저 그 첫 번째 표어 '일상원 중도원 시방원'을 살펴봅니다. 이것은 '일원상의 진리'를 밝혀주신 것입니다.

일상원(一相圓)

'일상원一相圓'이란 '진리의 절대 자리'를 밝혀주신 것입니다. 바로 진리의 본체·당처 자리를 '일상一相', 즉 '한 모양'이라고 하지요. 그 자리가 바로 '원'이라는 말씀입니다. 그래서 '일상원'이지요.

그걸 기독교에서는 '하나님'이라고 표현하셨습니다. 우주 전체가 한 모양이기 때문에 이것을 도가에서는 '자연'이라고 하지요. 유가에서는 '태극'이나 '무극'이라고도 하지요. 그것을 불교에서는 '법신불'이라고 합니다. 사람의 모습을 한 부처님이 아니라 '법의 몸을 가진 부처님'이다 해서 법신불이라 하지요. 사람의 몸을 가진 인격적인 부처님, 즉 화신불은 시간과 공간의 제약을 받는데, 법신불은 시공을 초월해 자연처럼, 하나님처럼 어디에나 계시지요.

이것을 일러서 '〈하나의 모양〉이신 〈원〉이다'해서 '일상원'이라 합니다.

다시 말해 '진리라는 것은 오로지 하나다'는 의미로 '진리의 유일성'을 밝히신 겁니다. 그래서 이 '원'이라고 이름 지은 진리를 '일상원'이라고 설명하신 겁니다. 바로 대종사님께서 밝히신 '일원상 진리'를 말하지요.

중도원(中道圓)

다음은 중도원中道圓입니다. 중도中道라는 게 뭡니까? 한쪽에 치우치지 않는 가운데 길이라는 말이지요.

그런데 '중도'라는 게 꼭 가운데만 의미합니까?

2차선 도로에서 길을 잘 가고 있어요. 그런데 반대편 차선에서 화물차 한 대가 승용차를 추월해 제가 달리는 길로 무시무시하게 달려옵니다. 그러면 내 차선이니까 나는 쭉 가야합니까? 일단 서행을 하면서 한쪽으로 비켜야 사고가 나지 않지요? 그때 한쪽으로 비켜난 것이 중도를 벗어난 것입니까? 오히려 그 상황에서는 한편으로 비켜난 것이 중도죠?

이처럼 중도라는 것은 때에 따라 달라집니다. 그것을 우리는 '시의 적절 하다'고 말하지요? 그래서 중도라는 것은 '시의성'을 갖고 있다 고 합니다. 자로 잰 듯이 정확하게 가운데가 아니라 때에 따라 적절 하게 달라지기 때문에 중도가 힘들지요.

'중도원'이란 것은 '중도의 진리', 즉 '진리의 시의성'을 밝히신 겁 니다.

시방원(十方圓)

다음은 시방원十方圓입니다. 시방이라는 말은 사방, 팔방에 하늘과 땅을 더해 열 방향, 즉 시방이라 하는 것이지요. 모든 곳을 말합니다. 따라서 '시방원'은 모든 곳에 진리가 없는 곳이 없고, 진리가 펼쳐지 지 않는 곳이 없다는 말입니다. 다시 말해 '진리의 보편성普遍性'을 뜻 합니다.

진리는 이 법당에만 머물지 않습니다. 진리적 삶은 이 글을 읽으시 는 분들만 할 수 있는 특별한 삶이 아닙니다. 이 세상의 누구나 할 수 있고, 또 해야만 하는 것이지요. 그래야 보편적인 진리이지요. 특별 한 민족에게만 광명을 내리시는 하나님이라면, 특별한 사람만 보호 하는 부처님이라면 오늘날 이렇게 기독교와 불교가 세계적인 종교가 되었겠습니까?

대산 종사님께서는 "시방원이란 누구나 보편적인 진리인 교법에

입각해서 일체중생을 교화하는 것"이라고 말씀하셨습니다. 다시 말해 '시방원은 시방세계를 일원화하는 것'이라고 할 수 있습니다.

일원상 진리

진리의 유일성을 밝힌 일상원, 진리의 시의성을 밝힌 중도원, 진리의 보편성을 밝힌 시방원은 '일원상 진리의 세 가지 속성'이자 '진리를 세상에 구현할 방향성'을 아울러 내포하신 표어라고 볼 수 있습니다.

대종사님께서 '일원은 우주 만유의 본원이요 제불제성의 심인이며 일체중생의 본성'이라고 밝혀주신 법문을 함의하고 있는 것이 바로 '일상원, 중도원, 시방원'으로 볼 수 있습니다.

진리를 밝히다

두 번째 표어인 '주세불 불일중휘 법륜부전佛日重輝 法輪復轉, 조사 불일 중휘 법륜상전佛日增輝 法輪常轉'을 산책할 시간입니다. 이 표어는 진리를 밝히신 다음, '주세불과 조사의 역할'을 밝히신 대목입니다.

주세불(主世佛)

'불일佛日'이라는 말은 '깨달음의 빛'이라는 말입니다. 바로 '진리'라 는 말이지요. 그리고 주세불은 '부처님'이나 '대종사님'과 같은 분을 말합니다.

'주세불'은 불일을 '거듭重: 거듭 중' 밝히시고, 법륜을 '다시復: 다시 부' 굴 려주신 분이란 말입니다.

일원의 '진리'는 부처님 나시기 전에도 있었으나 석가모니 부처님께서 6년 설산 고행 끝에 다시 불일을 밝혀주셨습니다. 석가모니 부처님 이후 28조사를 거쳐 중국에 5조를 내려와 불일이 꺼졌다가 다시 소태산 대종사님께서 일원상의 진리로써 불일을 거듭 밝히시어 누만대에 전할 수 있도록 하여주셨으니 주세불이시라는 것입니다.

주세불은 인륜이 땅에 떨어져 꺼진 진리의 등불을 다시 밝히고, 멈추어선 도덕의 수레바퀴를 다시 굴려 세상을 건지고자 하신 분입니다. 서양에서는 이런 분을 '메시아'라고 하지요. '예수님'과 같은 분입니다. 종교의 문을 여신 분으로 저희들은 '성자'라고 합니다. 그리고 그 성자들이 밝히신 법을 수지봉대하여 땅에 떨어뜨리지 않아야 합니다.

부처님께서는 '법부성폐法腐成弊'라고 법문하셨습니다. 법이 오래 가면 폐단이 생기지요. 그리고 도덕이 타락해집니다. 그때 진리의 태양을 높이 띄워줄 분과 법이 필요합니다. 서가모니 부처님 이후 그분이 바로 대종사님이시고, 그 법이 바로 일원대법입니다. 차도 오래되면 수리하지만 그래도 안 되면 어때요? 폐차하고 새 차를 사야지요? 그렇듯 묵은 법은 물러가고, 참고는 하되 새 법이 나와야 합니다.

그래서 대종사님은 불일중휘 하시어 어두워졌던 태양을 다시 중천에 띄워주셨습니다. 그래서 온 천하에 충만하게 하셨습니다. 그 다음에 구르지 않는 폐차가 된 그것을 버리고 새 차로 새 법을 굴리게 하는 바퀴를 가지고 나오셨습니다.

저희들은 대종사님에 대한 주세불관을 이렇게 확실히 세워야 합니다.

조사(祖師)

다음으로 '조사'는 '불일증휘 법륜상전佛日增輝 法輪常轉'이라 했습니다. '조사'는 불일을 '더욱增: 더할 증' 빛나게 밝혀주시고, 법륜을 '항상常: 항상 상' 끊임없이 이어 전하시는 분이란 뜻입니다.

조사는 꺼진 진리의 등불을 밝혀주신 부처님을 이어 법을 더욱 풍성하게 밝히신 분들입니다. 불교에서는 부처님을 이어 가섭 존자가 1대 조사가 되어 이후 28조사가 있고, 마지막 28조사가 동토, 즉 중국으로 와서 중국 1대 조사가 되어 6대 혜능까지 33명의 조사가 있었지요. 바로 삽삼조사를 말합니다. 우리 교단에서는 정산종사님을 비롯해 법통을 이으신 역대 종법사님을 말씀하시지요.

조사는 부처님께서 밝히신 법을 더욱 밝게 빛나도록 시대에 맞게 법을 응용하여 주십니다. 그래서 이 법이 끊이지 않도록 계속 굴려가시지요. 저희들 종법사님께서 그렇지요? 대산 종사님을 이어, 좌산 상사님, 그리고 경산 종법사님이 그렇습니다.

이분들은 종통을 이으신 분들이기 때문에 부처님과 대종사님의 대행으로 아시고 받들어 모셔야 합니다. 부처님과 대종사님의 법을 현시대에 맞게 밝혀주시기 때문에 그 분들의 법문과 경륜을 실천해야 하는 것입니다.

내가 조사

여기까지는 이해하기 쉽게 일반적인 것을 말씀드린 것이구요, 거기에 하나가 더 있습니다.

원불교는 보통급부터 인생의 요도와 공부의 요도, 즉 삼학팔조 사은사요를 밟게 하고 있습니다. 대각여래위에 오를 때까지 말입니다. 이것이 뭐예요? 부처가 되는 법이지요? 바로 원불교의 조사는 우리 교도 모두입니다. 대종사님께서 우리들을 조사의 반열에 올려놓으신 겁니다. 특히 저희들은 원기 100년대 안의 창업주들입니다. 조사들은 부처님의 법을 더욱 밝히고, 항상 끊임없이 이어가는 분이라 했습니다. 대종사님의 법을 쉬지 않고 궁글리는 것입니다.

어때요? 조사 여러분! 법회 빠지고 싶은 생각이 나세요? 좌선이나 법회시간에 졸고 싶은 생각이 나세요? 여러분이 주세불을 이으신 조사이신데 욕하고 원망하고 싶은 생각이 나세요? 남의 조사들 견성한 것 배우려 애쓰지 마시고, 우리 경전을 잘 보고 마음 잘 챙겨서 대소유무와 시비이해를 잘 가리면 됩니다.

잊지 마십시오. 여러분들은 대종사님께서 반열에 올리신 조사입니다.

진리 밝힌 뜻⋯ 부활을 위해

세상을 움직이는 원리, 즉 진리가 있다는 것. 그리고 성인들은 이 진리를 밝히시고 끊임없이 전하신다는 것이 기원문 결어의 서두였습니다.

진리와 성인에 이어 이제 '부활과 훈련'을 말씀드리겠습니다. 성인들이 진리를 밝히시고 전하시는 것은 부활시키기 위함이고, 이 부활은 기적처럼 되는 것이 아니라 훈련을 통해서 된다는 것이 요지입니다. 먼저 '부활'입니다.

부활(復活)의 계보

대산 종사님께서는 '세계부활 도덕부활 회상부활 성인부활 마음부활'을 말씀하셨습니다. 즉, 세계가 다시 살아나려면 도덕이 다시 살아나야 하고, 도덕이 다시 살아나려면 정법회상이 다시 살아나야 하고, 회상이 다시 살아나려면 성인이 다시 살아나야 하고, 성인이 다시 살아나려면 자신의 마음이 다시 살아나야 한다 하시고, 마음 부활이 먼저 되어야 한다고 말씀하셨다.

부활이란 '죽은 생명이 다시 살아남'을 말합니다. 예수님께서 죽은 지 3일 만에 부활하셨다는 기독교의 문화에서 우리는 부활이란 용어를 가장 쉽게 접할 수 있지요.

마음 부활

맑은 개울물이나 논에서 미꾸라지를 잡는다고 첨벙거리다 보면 흙탕물이 일어 금방 뿌옇게 됩니다. 물속이 잘 보이지 않게 되지요. 한동안 물속에 무엇이 있는지 보이지 않게 됩니다. 하지만 조금 지나 사람들이 물러가면 흙탕이 가라앉고 다시 바닥이 보이는 맑은 상태로 돌아옵니다.

마음도 마찬가지입니다. 본래 마음은 누구나 맑디맑아 똑같습니다. 그것을 '본래 마음', 즉 '본심本心', 혹은 '부처의 마음', 즉 '불성佛性'이라고 합니다. 다른 말로 '성품性稟'이나 '정신精神'이라고도 합니다. 마치 제가 교무님, 민간성직자, 우세관, 형님, 아들이라고 상황에 따라 여러 가지로 불리는 것과 같습니다.

그런데 '본래 마음'은 세상을 살아가면서 안이비설신의 육근 동작

에 의해 경계를 받아들여 그때그때 변합니다. 눈으로 좋은 것을 보고
는 탐심이 일어나는가 하면, 지진이나 폭설로 피해를 입은 사람들을
보면 돕고 싶은 마음이 나지요. 악행을 들으면 화가 나기도 하고, 가
까운 지인이 열반했다는 소식을 들으면 애절한 마음도 나지요.

그래서 이 육근 동작 때문에 착한 마음, 나쁜 마음, 예쁜 마음, 미
운 마음이 만들어지지요. 우리는 이 육근 동작에 의해 받아들이고 구
분하는 것을 '분별'이라고 합니다. 본래 마음, 즉 성품이나 정신에 이
'분별'이 나타날 때를 일러 '마음'이라고 하지요.

착한 마음이 들어 밖으로 실천하면 선행善行을 하게 됩니다. 나쁜
마음이 들어 밖으로 나타내면 악행惡行이 나오지요. 그래서 이러한
마음으로 우리는 선업이나 악업 같은 업業을 짓게 됩니다. 이처럼 업
은 분별된 마음이 짓게 된다는 말이지요.

마치 검은 선글라스를 쓰면 어둡게 보이고, 붉은 안경을 쓰면 세상
이 붉게 보이는 것과 마찬가지입니다. 본래의 세상을 보기 위해서는
색깔 있는 안경을 벗어야지요. 그러면 있는 그대로의 자연을 보게 됩
니다. 그래서 사람간의 관계에서도 오해를 하면 '색안경을 벗고 보라'
는 말을 하곤 합니다.

그 색안경이 바로 '분별'입니다. 분별을 놓았을 때 '본래 마음'이 됩
니다. 이것이 원불교에서 말하는 부활입니다. 마치 비온 뒤 스모그
가 사라지면 도시 본래 모습이 드러나고, 흙탕물이 가라앉으면 맑은
물이 되어 물 안이 다 보이듯이 말입니다. 안개가 사라진 고속도로가
다시 속도를 회복하듯이 말입니다. 기독교에서 말하는 부활과는 조
금 의미가 다르지요?

부활의 본 뜻

이 세상도 원래는 아름다울 텐데 사람들의 탐욕이 타락을 시켰습니다. 그래서 세상을 부활시키기 위해 도덕을 부활시켜야 하고, 그 도덕을 힘 있게 부활시키기 위해 정법 회상을 부활시켜야 하고, 이 회상을 여신 성자들을 부활시켜야 하는 것이고, 성자는 다름이 아니고 우리 각자 각자의 마음을 본래심으로 부활시키면 된다는 말입니다.

대산 종사님께서는 부활의 의미를 기독교에서처럼 '기적'의 차원이 아니라 '신앙'의 차원, '수행'의 차원에서 말씀하셨습니다.

즉, 생명의 근원인 사은의 은혜로 다시 살려내어 세계도, 도덕도, 회상도, 성인도, 각자의 마음도 다시 살려내자는 말씀입니다. 은혜의 빛이 꺼졌을 때 생명도 죽게 되고 세계도 전쟁으로 인해 멸망하게 됩니다. 그러므로 은恩으로 다시 살리어내자는 말씀입니다.

그리고 수행을 통해 자신을 갈고 닦아 부활을 시키자는 것입니다.

훈련 통해 부활의 기적을

기원문 결어는 진리를 먼저 드러내십니다. 그리고 성인들이 진리를 밝히시고 전하시는 것은 부활시키기 위함이고, 부활의 근원은 마음 부활이며, 이 부활은 기적처럼 되는 것이 아니라 훈련을 통해서 된다고 밝히십니다. 이제 '훈련'에 대해 알아봅니다.

습관

우리 모두에게는 습관이 있습니다. 오래 지속된 습관은 원래 있던 능력까지도 잃게 만들지요. 혹시 우리는 내 인생의 한계를 스스로 낮게 잡고 있지는 않은지, 혹은 어느 사이엔가 잃어버리고 살지는 않는지 한 번쯤 생각해보지 않을 수 없습니다.

간절히 염원하면 못 이룰 일이 없습니다. 다만 사람들이 스스로 한계를 설정하고 자신의 능력을 막아버리기 때문에 무슨 일이든지 성취할 수 없는 것입니다.

훈련

그 한계를 극복하자는 것, 이것이 바로 '훈련'입니다. 우리는 성자들이 밝히신 진리를 통해 부활해야 하고, 부활시켜야 하는 당위성에 대해서 잘 압니다. 내가 부활하고, 세계를 부활시키는 그 마법의 방망이가 바로 훈련입니다. 대산 종사님께서는 '네 가지 훈련'이라 하여 '자신훈련 교도훈련 국민훈련 인류훈련'을 밝혀주셨습니다.

원불교의 훈련은 정기훈련과 상시훈련으로 나뉩니다.

'정기훈련'은 일정한 기간을 정해 집중적으로 삼학 수행을 단련하는 것입니다. 군인들이 2년간 훈련을 받고, 신입사원들이 업무에 들어가기 전에 일정한 기간 동안 견습훈련을 받듯이 말입니다.

그리고 '상시훈련'은 상시, 즉 평상시에도 일하면서 삼학 수행을 떠나지 않도록 하는 것입니다. 다시 말해 죽을 때까지, 혹은 내가 부처로 완성될 때까지 끊임없이 공부를 하라는 것입니다. 정해진 때만 훈련을 한다는 개념을 벗어나서 평상시에도 항상 자신을 살피고 공부심으로 임해야 한다는 것이 바로 '불법시 생활이요, 생활시 불법'입니다.

정기훈련과 상시훈련법은 원불교만이 가지는 고유한 훈련법으로

'잠시라도 공부심을 놓지 말고 살라'는 독특한 공부법입니다.

정기훈련과 상시훈련은 삼학팔조에 근간한 수행을 말합니다. 결국 '훈련'과 '수행'은 하나로 통하지요. 훈련이란 수행의 방법론인 셈입니다. 한마디로 수행을 통해 부활을 시키자는 말입니다. 전 인류를 건지는 길이 바로 훈련이요 수행인 것입니다.

기적은 훈련을 통해

이 정기훈련과 상시훈련은 '자신 훈련'에 속합니다. 그런데 대산 종사님께서는 훈련을 자신에게만 국한 짓지 말고 모두에게 펼쳐서 시행하자는 것을 바로 이 기원문 결어에 담으셨습니다. 자신과 교도님뿐만 아니라 전 국민과 전 인류에게까지도 훈련을 시키자 하셨습니다.

대산 종사님께서 종법사 재위 시절 각 교구마다 훈련원을 설립하시었는데 이 훈련원에는 교도님들뿐만 아니라 일반인들이나 기업체 등에서도 훈련을 합니다. 해외에서도 일반 외국인들이 훈련원을 찾아 자신을 찾고 자신을 바꾸려는 훈련을 받고 있습니다. 교당이 가장 일상적인 교도들의 신앙과 수행의 중심지라면, 훈련원은 정기훈련을 중점적으로 시켜나가는 곳입니다.

각 지역마다 이렇게 훈련원을 만든 것은 교도들과 국민, 전 인류에게 훈련을 시키자는 뜻입니다. 바로 원불교법에 의한 훈련 말입니다. 이것이 자신훈련과 교도훈련을 넘어서서 국민훈련이요, 더 나아가

인류훈련으로 이어 가는 길입니다.

이 훈련을 통해서 부활이라는 기적이 정말로 이루어지는 것입니다. 원불교는 결코 마술에 기대지 않습니다. 이렇듯 현실적이지요. 그래서 쉬우면서도 어렵다고들 합니다.

구도자의 마음가짐

일상원 시방원 중도원이라는 진리를 성자들께서 밝히고 전해주셨으니 우리는 이것으로 세계와 도덕과 회상과 성인과 마음을 부활시켜야 합니다. 그리고 그 부활은 바로 이 네 가지 훈련을 통해서 이루어낼 수 있다는 것이 바로 대산 종사의 간절하신 기원입니다.

진리를 부활시키기 위한 훈련, 즉 '수행'에 들어가기 위한 각자의 마음가짐이 어떠해야 하는가에 대한 대산 종사님의 부촉이 또 이어지십니다. 그것을 살펴보겠습니다.

우리의 마음가짐

결론부터 말씀드리자면, '서원'과 '참회'입니다.

작은 데 얽매이지 않고 감히 꿀 수 없는 큰일을 이루겠다는 간절한 기원과 다짐이 서원입니다. 그 씨앗을 심자는 것입니다. 원불교는 원하는 대로 이루어진다죠? 씨앗을 심어야 열매가 맺습니다.

그리고 큰일을 이루기 위해서는 작은 기운이라도 막힘이 있어서는 안 됩니다. 큰 제방도 작은 구멍으로 무너지는 것이고, 그 안전한 기차도 철로 위의 작은 장애물 때문에 탈선을 합니다. 마찬가지로 서원을 이루기 위해 나아가는 데 막히는 모든 기운을 풀기 위해 우리는 참회를 해야 합니다. 씨앗이 장애 없이 잘 자라도록 하는 것이지요.

서원과 참회가 바로 구도자가 심어야 할 기본 종자입니다. 우리의 마음가짐이지요.

서원: 수행의 종자

먼저 서원입니다. 대산 종사님은 서원의 단계를 6가지로 말씀해주셨습니다. 주로 '수행'에 대한 말씀입니다. 대서원, 대정진, 대불과, 대불공, 대자유, 대합력!

'대서원大誓願, 간절하고 크나 큰 기원과 다짐'이 없이는 훈련을 할 수가 없고 수행도 할 수가 없습니다. 대서원을 세웠을 때 '대정진'심이 나오고 '대불과'를 얻게 되는 것입니다. 정진을 하지 않으면 불과佛果를 얻지 못하며 안 익은 박과 같다고 하셨습니다. '대불과'는 여의보주를 말합니다. 무엇이든 이룰 수 있는 여의주 말입니다.

그 불과를 얻어 무엇을 하자는 것일까요?

▸ '대불공'을 하는 것입니다. 불공은 원불교 신앙의 핵심이지요? 한 사람에게만이 아니라 모든 사물과 사람에게 드리는 정성입니다. 그래서 그냥 불공이 아니라 대불공입니다.

대불공은 신명을 바치고, 자신의 욕심을 버리고, 기쁜 마음으로 하나 된 마음으로 바치는 것입니다. 부처님께만 드리는 불공은 '중도원'이 아닙니다. 모든 부처님께, 그리고 일체 중생에게 바치는 것입니다. 거기에서 대자유가 와집니다.

▸ 우리를 얽어매는 이 부자유함. 우리는 일체에서 벗어나 자유로워지는 꿈을 꾸고 삽니다. 그것이 수행의 궁극적인 목적이기도 합니다. 자유롭게 나다니고 싶은데 외손주 때문에 못 가지요? 하다못해 강아지 밥 때문에도 못 움직이고, 집 안의 화분 물 주는 것 때문에도 여행을 못 갑니다. 두루 갈 수 있는 '시방원'이 안 되는 것이지요.

'대자유'의 마음은 너와 내가 없는, 안과 밖이 없는, 멀고 가까움이 없는, 걸리고 막힘이 없는 자리입니다. 대자유라는 것은 결국 나뉨이 없는, 경계가 없는 대불공의 자리일 때, 하나의 자리일 때 가능한 것이지요.

▸ 하나의 자리가 뭡니까? 결국 '일상원'이지요. 대자유를 얻되 하나로 힘을 모으자는 겁니다. 마음이 같을 때 하나가 되지요? 대자유의 자리에서는 모든 마음이 같아집니다. 자유롭지 못하니까, 자유롭지 못한 원인이 제각각이니까 하나가 안 되지요?

대자유의 자리에서 '대합력'이 되는 것입니다. 대자유를 얻어서 독선기신獨善其身하자는 것이 아닙니다. 어떠한 면으로든지 합력을 하자는 것입니다. 주법에게 모든 마음을 비우고 자유스러운 마음으로 대합력하는 것입니다. 또한 가정에서, 직장에서, 교당에서, 사회, 국가, 세계에서도 합력할 수 있는 것입니다. '대합력'은 하나된 마음입니다. 결국 대서원에 바탕한 하나의 마음인 것이지요. 그래서 이 '서원'이라는 종자가 반드시 있어야 된다는 말입니다.

우리가 '대서원'으로 '큰 수행_{대정진}'을 해서 이 세 가지의 진리_{일상원,} _{중도원, 시방원}를 나투는 '대불과'를 얻자는 것입니다.

참회: 신앙의 종자

우리 구도자가 심어야 할 또 하나의 씨앗 '참회'.

대산 종사님은 6가지를 말씀하셨어요. 대참회, 대해원, 대사면, 대정진, 대보은, 대진급!

대참회_{大懺悔, 막혀 있는 작은 기운 하나라도 다 푸는 간절한 뉘우침}로써 대진급하자는 법문으로 '부활'을 할 수 있는 길을 밝혀주셨습니다. 다시 말해 ▷묵은 세상의 얽히고 설킨 모든 업을 다 풀어주고, ▷보은을 통해 신앙의 길을 밝혀주셨으며, ▷묵은 업을 청산하여 서로서로 공생공영으로 대진급하여 새 세상을 열어가자는 것입니다.

▶ 다시 새롭게 거듭 태어나고 살아나려면 대참회가 없이 될 수가 없습니다. 작은 기운 하나라도 막히면 천하사가 다 틀어집니다. 그래서 막힌 기운을 풀자는 것이 참회인데요, 작은 하나도 남김없이 다 풀어버리자는 것이 '대참회'입니다.

▶ 대참회를 위해서 우리가 해야 할 방법으로 두 가지를 대산 종사

님께서는 말씀해주십니다. 하나는 내 안의 모든 원망을 놓아버리는 것이고, 밖으로 모든 사람을 다 용서해버리는 겁니다. 내 안의 모든 원망을 다 놓아버리는 것을 '대해원'이라 하고, 모든 사람을 다 용서해 버리는 것을 '대사면'이라 합니다.

참회의 궁극은 진급

쉽지는 않지요? 한 가지 명심합시다. 원망은 독입니다. 독을 품고 살면 독이 결국 내 몸에 번져 내가 죽게 됩니다. 그래서 놓아야 하는 겁니다. 원망도, 원수도 말입니다.

자신뿐 아니라 삼세를 통해 원한 맺혀 있는 모든 업장들을 풀고 풀어주고, 금생에 맺어진 모든 죄업도 다 사면해주어 새 생명을 얻게 해주고 새 생활을 개척해야 합니다. 대종사님께서도 참회는 '옛 생활을 버리고 새 생활을 개척하는 초문'이라고 말씀해주셨습니다.

▶ 인과의 이치를 깨치지 못하면 진정한 참회를 할 수가 없습니다. 인과를 알아야 쉴 자리에 쉬고, 갚을 자리에 갚을 수 있기 때문입니다. 그래서 인과가 참으로 중요합니다. 인과를 알아 진정한 참회를 위해 '대정진'이 필요한 것이지요.

▶ 이 대정진의 마음으로 인과를 깨쳐 은혜를 발견해야 합니다. 이 세상은 모든 것이 고(苦)가 아니라 '은혜 덩어리'임을 알아야 합니다. 그래야 원망이 아닌 감사생활, 은혜를 갚는 보은생활을 할 수 있는 것이지요. 대참회를 하면 결국 자연스럽게 '대보은'이 나투어지는 겁

니다.

▶ 참회하고 대보은행을 하면 나와 남 모두 다함께 '대진급'이 되지요.

이것이 개인, 가정, 사회, 국가, 세계가 '부활'하는 길입니다.

구도자의 두 씨앗

정리하자면 일상원유일한 진리, 시방원두루 보편적인 진리, 중도원치우침 없으신 진리이라는 진리의 속성을 성자들께서 밝히고 전해주셨으니, 우리는 이것으로 '세계'와 '도덕'과 '회상'과 '성인'과 '마음'을 부활시켜야 합니다. 그리고 그 부활은 바로 네 가지 훈련을 통해서 이루어낼 수 있다는 것인데 '자신'과 '교도'와 '국민'과 '인류'를 훈련시켜야 한다는 것이 바로 대산 종사의 간절하신 기원입니다.

공은 이제 우리에게 넘어왔지요. 축구에서 공을 잡은 팀은 최선을 다해 공을 뺏기지 않고 공을 가지고 있으며 그 공으로 골인을 넣어야 하는 것이지요? 공을 상대방에게 줘버리면 골인을 넣을 기회도 없어지고, 오히려 골을 먹게 되지요? 같은 이치입니다.

그 염원을 이루기 위한 우리의 마음가짐, 즉 구도자가 마음에 심어야 할 두 가지 씨앗이 바로 '서원'과 '참회'였습니다. 그리고 그 결과는 대불과를 얻고 대진급을 하는 것이지요.

천여래 만보살의 회상

영원한 주인과 계승자

'부활'은 대참회로 대진급하는 데서 오고, 참다운 '훈련'은 대서원으로 대불과를 얻는 길임을 확실히 아셨습니까?

그렇게 하는 뜻은, ▶ 일원회상에서 영겁토록 주인이 되자는 겁니다. 일원의 큰 집_{원불교 집안}에서 영원한 주인이 되자는 겁니다.

머슴이 되면 안 됩니다. 대산 종사님의 전매특허가 있지요. 똥덩어리 법문입니다. 머슴이 되면 똥덩어리밖에 안 된다고 하셨습니다. 주인이 못 되고 객이 되어 왔다 갔다 해서는 안 됩니다. "손님이나 왔다 갔다 하지 참 주인은 영겁을 한결같이 내 집처럼 지키고 사는 사람이다"고 하셨습니다. 주인이 되려면 꾸준히 해야 됩니다. 중단하지 않고 꾸준히만 하면 됩니다. 일시적인 주인이 되어서는 안 됩니다. 기분이 좋으면 하고, 나쁘면 않고 해서는 안 됩니다.

▶ 또 일원대도에서 영겁토록 법을 체 받는 사람[법자]이 되어야 합니다. 일원의 큰 길을 벗어나지 않는 영원한 공부인이 되자는 말입니다.

이 회상에 와서 법을 꾸준히 체 받는 공부인, 즉 영겁법자가 되지 못하면 껍질입니다. 교당에 다니며 이 교법을 수지하여 실천하지 못하면 껍질이지요? 그 말씀입니다. 속알맹이는 없이 빈 껍질만 있어 봤자 아무 소용없습니다.

한마디로 영원한 주인이 되고 영원한 계승자가 되라는 말씀입니다.

모두 부처, 모든 것 복

일원대도가 길이 전하여 지려면 주인과 공부인이 많아야 합니다. 일원회상 영겁주인과 일원대도 영겁법자가 수 없이 쏟아져야 한다는 말입니다.

▶ 주인과 공부인이 많아지면, 천불만성 발아… 천불만성이 많이 싹 터서 열매가 맺습니다. 부처님과 성자들이 무수하게 쏟아진다는 말입니다.

▶ 또 주인과 공부인이 많아지면, 억조창생 개복… 억조창생, 즉 모든 중생들의 복문이 활짝 열리게 됩니다.

모두가 부처가 되고, 모든 것이 복이 되어 다같이 복족족 혜족족한 삶이 된다는 말입니다. 이것을 간절히 염원하신 것이지요.

무등등한 대각도인, 무상행의 대봉공인

▶ 우리 모두가 부처가 되고 성인이 되려면_{천불만성을 발아시키려면} '무등등한 대각도인'이 되어야 합니다.

등수가 없는 걸 평등하다고 하지요. 바로 제불제성과 평등하게 어깨를 나란히 하고 파수공행_{把手共行}할 수 있는 대각도인, 그것이 바로 '일원대도의 영겁법자'입니다. '주인'이라는 말이지요.

▶ 또, 우리가 모든 중생의 복문을 열려면_{억조창생을 개복시키려면} '무상행의 대봉공인'이 되어야 합니다.

내가 하였다는 상이 있으면 주인은 아닙니다. 무상행의 대봉공인이 '일원회상의 영겁주인'입니다. 상 없이 공중을 위해 바쳐야 합니다. '공부인'이자 '계승자'라는 말입니다.

이 세 가지 표어가 어떻게 연결되는지 아시겠어요?

결국 우리 모두가 일원회상의 영겁주인이 되고, 일원대도의 영겁법자가 되어 천불만성을 발아시키고 억조창생의 복문을 열어주는, 무등등한 대각도인 무상행의 대봉공인이 되어 대종사님의 일대경륜인 제생의세를 실현하자는 간절하신 염원이 담긴 법문입니다.

대(大)자는 왜?

기원문 결어의 마지막 부분에 당도해갑니다. 마지막 부분으로 넘어가기 전에 하나 첨가하겠습니다.

대서원으로 대정진해서 대불과를 얻자. 그래서 대불공을 하고 대자유를 얻고 대합력을 해가자고 하셨지요. '수행의 방법'입니다.

또 대참회를 위해 대사면과 대해원을 하는 대정진을 하여서 대보은하고 대진급을 하자고 하셨지요. '신앙의 방법'입니다.

그냥이 아니라 앞에다가 '대大'자를 항상 붙여놓으셨습니다. 대산 종사님 법문의 특징은 항상 '큰 대大'자가 많이 들어가는데요. … 여기에서 '대'의 의미를 잠깐 알아보고자 합니다. 왜 그냥 서원하고 참회해도 되는데 '대'자를 붙여놓으셨을까요?

지극한 정성

첫 번째는 '지극한 정성'입니다. 정성도 보통 정성이 아니라 '대'자가 붙으면 지극한 정성입니다.

누구든지 하루 이틀은 잘합니다. 담배를 끊기로 하면 3일간은 잘 끊다가 그것이 지나면 또다시 물게 되고 하지요. 그래서 뭔가 작심을 하면 3일간은 한다고 '작심삼일'이라고 하지 않습니까? 누구든지 한두 달은 잘 삽니다. 그리고 일이 년은 참아가면서도 잘 살지요. 하지만 평생을 잘 살아가기란 쉽지 않습니다. 요즘 젊은 사람들, 좋아서 없으면 못 살 것 같아 결혼을 했다가 3쌍 중 1쌍이 3년 내에 이혼을 한다고 합니다. 지극한 정성이 있다면, 지극한 불공 정신이 있다면 평생을 좋은 마음으로 해로 하겠지요.

'대'자를 붙여놓은 것은 수행을 하더라도, 신앙을 하더라도 '지극한 정성'으로 임하자는 것입니다.

이유 없이

두 번째는 '이유 없이' 하자는 겁니다.

우리는 뭔가를 하려면 참 이유가 많습니다. 하다못해 법회나 훈련을 하려 해도 불참하게 되면 이유가 있지요. 공동묘지에 가면 이유 없이 죽은 사람들이 하나도 없다고 하는데요, 안 빠지고 참석하는 사람들도 모두 이유는 있습니다. 이유를 불고하고 최고의 가치에 대해

이 법을 배우고 전하는 데 두기 때문에 그런 분들은 안 빠지는 것이지요. 무슨 모임을 해도 이유가 있습니다.

이처럼 이유가 있을 때는 최고의 가치, 삶을 살아가는 데 최고의 가치를 어디에 두는가가 매우 중요합니다. '대'자를 붙여놓은 것은 '이유 없이' 하자는 겁니다.

대서원, 대참회… 그리고 대정진… '이유 없이' 하자는 겁니다.

지금 당장은 귀찮고 별 소득이 없는 것 같지만 영생을 놓고 보면 신앙과 수행의 문에서 열심히 정진 적공하는 것처럼 중요한 것은 없습니다. 저희가 대충 사는 모습이 성자께서 영생의 눈으로 보시면 얼마나 안타깝겠습니까? 그러기에 철든 사람은 정진을 해도 이유 없이 하는 대정진을, 적공을 해도 '이유 없이' 하는 대적공을 하는 겁니다.

구정 선사는 스승이 부엌의 솥을 이렇게 걸으라고 했다가, 또 저렇게 걸으라고 했다가 몇 번을 고쳐 걸으라고 해도 말없이 고쳐 걸었답니다. 3, 4번 하면 보통 '다음 끼니에 또 솥을 내려야 하는 하찮은 일인데 …' 하면서 짜증을 내겠지요. 하지만 9번을 고쳐서 걸었다 해서 '아홉 구九, 솥 정鼎'해서 구정 선사라 불리며 후일 크게 선풍을 떨치는 대선사가 되셨습니다. 이처럼 수행을 할 때는 구정 선사처럼 '이유 없이' 하는 것이 중요합니다.

무조건

마지막으로 '대'자를 붙여놓은 것은 '무조건'의 의미가 있습니다.

우리는 각자 계산기를 하나씩 가지고 있지요? 어떤 말이나 어떤 일이 다가왔을 때, 나름대로의 계산기를 두드리지요? 그 계산기를 내려놓으란 말입니다.

노래 중에 '무조건'이란 노래가 있지요? 얼마나 사랑하고 좋으면 조건 없이 인도양도 건너고, 태평양도 건너서 그 사람에게 가겠어요? 사랑엔 국경도 없다 듯이 '무조건' 가는 것이지요. 그처럼 각자가 가지고 있는 계산기를 내려놓고 '무조건' 하라는 것이 바로 '대'를 붙여놓은 의미라고 생각합니다.

수행과 신앙… 우리가 정진하고 적공해야 하는데 이런저런 조건과 핑계가 있을 순 없지요? 이처럼 '대'자가 붙은 것은 각자가 가지고 있는 계산기를 내려놓고 '이유 없이, 무조건, 지극한 정성'으로 하라는 것입니다.

하나의 세계

　짧은 '기원문 결어'를 몇 번에 나누어 모두가 함께 그 뜻을 되새겨 보는 시간을 마련하고 있습니다. 너무나 간격이 떨어지다 보니 일목요연하게 연결하는 것이 힘들었습니다. 하지만 중간중간 복습을 하며 되새기니 그 뜻을 확실하게 알 수 있다는 장점도 있었지요.

　이 단락은 '기원문 결어'의 결론이자 성리의 구경이라 할 수 있는 마지막 부분 '하나'의 구체적 결과를 알아보겠습니다.

　대산 종사님의 일대경륜은 '제생의세'입니다. 모든 생령을 구제하고, 전 세계를 부처님의 세계로 고쳐간다는 겁니다. 그것을 위해 '하나'를 끊임없이 강조하십니다.

　자! 하나의 세계로 들어가보시죠.

진리는 하나

기독교에서도 "나 이외에 다른 신을 믿지 말라"고 합니다. '절대적인 진리인 하나님 이외의 다른 것은 진리가 아니다'는 말입니다. 바로 진리의 유일한 속성을 말하지요.

기독교의 하나님을 원불교에서는 '진리', 즉 '일원상 진리'라고 말합니다. 불교에서는 이를 '법신불'이라고 하지요. 도가에서는 '자연'이라고도 하고, 음양의 이치를 담고 있다고 해서 '태극'이라고도 합니다. 이처럼 '진리는 하나'임을 말합니다.

진리를 풀어보면 '참 진眞'에 '이치 리理'라고 하여 참된 이치를 말합니다. 틀린 것이 아니라는 것이지요.

'참'이라는 게 뭘까요? 윤구병 선생님이 시골 할머니에게 '참말'이 뭐냐고 물었답니다. 그 할머니는 간단하게 답했습니다. "참말? 있는 것을 있다고 하고, 없는 것을 없다고 말하는 것이 참말이지."

그럼 '거짓말'이 뭐냐고 물었답니다. "거짓말? 있으면서도 없다 하고, 없으면서도 있다 하는 것이 거짓말이지."

이것이 참된 이치, 즉 진리 아닙니까? 진리는 간단합니다. 호리도 틀림이 없는 것, 영원히 틀림이 없는 것… 그것을 진리라고 하니 각 종교에서 말하는 진리가 둘일 수는 없습니다. 만일 기독교에서 말하는 '하나님'과 불교에서 말하는 '법신불'과 원불교에서 말하는 '일원상 진리'가 각각 다르다고 한다면 그것 중에 어느 하나는 '거짓'이지요. '진리는 하나'입니다.

세계도 하나

전라도와 경상도가 각각 다르지요. 말도 다르고 말씨와 풍습도 다릅니다. 그래서 예전엔 백제와 신라라는 나라로 있었지요. 그런데 통일이 되고 보니 약간의 차이는 있지만 분명 하나의 나라가 되었지요.

우리나라와 일본, 미국도 각각 다릅니다. 하지만 비행기가 만들어진지 1백 년, 자동차도 만들어진지 1백 년이 넘고 … 거기다가 전화기가 생기고, 이제는 인터넷이라는 것까지 생겨서 지구가 결코 멀리 떨어져 있지 않습니다. 나라가 다르다는 것이지 점점 하나로 좁혀져 가고 있습니다.

몇 년 전, 그리스라는 나라에서 금융 위기가 생겼습니다.

그 나라의 일인데 어찌된 일인지 다른 나라들이 모두 화들짝 놀랐습니다. 우리나라에서도 주가가 곤두박질치기 시작했습니다. 주식을 해본 분들은 아실 겁니다. 전 세계의 금융 시스템이 하나로 연결되어 있어서 나라가 달라도 모두 하나의 돈줄에 연결된 고로 전 세계가 출렁거립니다.

또 몇 년 전, 미국에서 부동산 회사가 부실로 드러나자 전 세계가 난리였습니다. 미국의 일인데 왜 우리나라가 이처럼 난리가 날까요? 아는 사람이 부도가 나면 친한 사람들이 모두 난리입니다. 빚보증을 섰기 때문에 하나인 가족과 친척들이 다 같이 난리가 나는 것이지요.

그런데 이제는 모든 세계가 하나의 시스템으로 연결되어 있어서 결코 남의 나라 일에서 자유로울 수 없습니다.

'세계는 하나'입니다. 성자들은 이처럼 비행기나 인터넷이 나오기 전부터도 세상을 하나로 꿰뚫어 보시며 그에 대비하고, 그에 발맞추어 살아가라고 하셨습니다. '세상이 하나'인 이유를 아시겠지요?

인류는 한 가족

결혼을 하면 아이를 낳아 양육합니다. 이제 학교를 간 아이들도 있고, 장성하여 독립한 자녀들도 있습니다. 내 자식, 내 새끼가 최고지요? 나와 핏줄이 같기 때문이지요. 내 뱃속으로 낳았기 때문입니다.

그런데 가만히 세상 돌아가는 것을 봅시다. 미국에서, 월드컵이 열린 남아공에서 백인들은 흑인들을 짐승 취급했습니다. 미국에서는 링컨에 의해서, 남아공에서는 만델라에 의해서 흑인들은 비로소 사람 취급을 받기 시작하고 점차 투표권도 갖게 됐습니다. 하나의 사람으로 선 것이지요.

남자와 여자를 놓고 볼 때도 그렇습니다. 여자분들이 투표권을 갖기 시작한 것은 1백 년도 채 되지 않습니다. 우리나라는 말할 것도 없고, 민주주의가 시작되었다는 유럽도 마찬가지입니다. 이제는 남녀의 구분도 없고, 흑인과 백인의 구분도 없습니다. 능력만 있으면 그 능력에 의한 대우를 받고 살아갑니다.

우리나라에 처음 결혼 이민자들이 들어왔을 때, 멸시를 많이 했지요. 말도 잘 못하고 생김새도 다르기 때문입니다. 그런데 이제 결혼 이민자들이 늘고, 외국인 근로자들까지 합해서 우리나라에 사는 외국인들이 180만 명에 달한답니다. 물론 비공식적으로는 2백만 명이 넘는다고 하구요. 우리나라 인구 20~30명 가운데 한 사람은 외국인이라는 말입니다.

지금은 '아시아'라는 프로그램이 생길 정도로 이들을 우리의 가족으로 받아들이기 위한 눈물겨운 노력들이 계속되고 있습니다. '인류는 한 가족'입니다.

세상은 한 일터

지금 스마트폰이라는 것이 생겨서 이제는 핸드폰으로 인터넷을 자유롭게 사용하고 외국에 가서도 이 스마트폰만 있으면 인터넷 전화가 다 가능합니다.

영어가 지금 세계 공용어라고 모두들 영어를 배우느라고 난리입니다. 우리나라 말만 하면 7천만 명만 상대할 수 있지만, 영어를 알면 70억 인류를 상대로 친구가 될 수도 있고 장사도 할 수 있기 때문입니다.

하지만 조만간 기술의 발달은 각자 가지고 있는 스마트폰을 통해서 언어도 하나로 통일을 할 기세입니다. 자기 나라 말로 해도 서로가 가진 기계를 통해서 말이 다 통하는 시대가 온다는 겁니다.

이제는 '세상은 한 일터'인 시대가 도래를 한 것입니다. 이처럼 이제는 '나'와 '남'이라는, '우리나라'와 '너희 나라'라는 이분법적인 구조가 사라지고, '세상은 한 일터'라는 필연 속에서 살아가게 될 겁니다.

개척하자 하나의 세계

성자들은 열린 눈으로 이것을 꿰뚫어 보시고, 오래전부터 설파하셨습니다. 진리이기 때문에 가능한 일입니다. 그래서 우리는 남 먼저 나서서 '하나의 세계를 개척'해야 하는 것입니다. 이 세계는 하나의 마을, 이 세계는 하나의 가족, 이 세계는 하나의 세계, 세상은 한 일터, 개척하자 하나의 세계. 이것은 만고에 변함이 없는 상도입니다. 이것은 '평화운동'의 개념이기도 하고, 'UN의 이념'이기도 합니다.

성자의 예언과 바람

대산 종사께서는 당신이 평생 동안 해오신 기원의 마지막 결론이라시며 이 기원문 결어를 내놓으시고, 열반하기 전까지 무수하게 외우셨고 외우라 하셨습니다.

정리해봅시다.

'진리'는 이것이다. 변함없는 사실이다. 모든 성인들은 진리를 밝히고 전하셨다. 그래서 '성자'라 한다. 진리를 밝히신 것은 세상을 '부활'시키기 위한 것이고, 그 부활은 부단한 '훈련'을 통해서 된다. 그 훈련을 위해 각자의 마음에 '서원'과 '참회'라는 종자를 심고 농사를 지어라. 그러면 '천여래 만보살의 회상'이 온다. 그 부처님의 세계는 바로 '세계는 하나, 인류는 한 가족'이라는 '하나의 세계'이다. 이것이 바로 진리가 구현되는 세계인 것이다.

'기원문 결어'는 바로 이 말씀입니다. '구경의 기원'이고, 성자의 '미래 예언'이자 '바람'이신 겁니다. 이제 그 뜻을 되새기고, 이 법문을 꾸준히 받들어, 부단한 정진으로 묵묵히 실행해갑시다.

홍련 한 봉오리

부처님이 가섭에게 들어 보이자 환하게
웃음 지으셨던 그 하늘꽃!
삼천 년 넘어 염화미소 오가는가?

지은이

관산 寬山 우 세 관 禹世寬

전남 여수 출생. 1994년(원기 79년) 출가 후 서울교구 사무국 교무, 한울안신문 편집장,
원불교신문 기자, 뉴욕, 제주, 김화교당 교무를 거쳐 2017년 현재 완도의 소남훈련원에서
성리를 전하고, 병행시설인 완도청소년훈련원에서 인성교육을 하는 교무로 재직 중이다.

의두(화두) 23기행

감생이 두 마리 대적공실·의두요목 해의

ⓒ 우세관 2016

초판발행	2016년 12월 26일
초판 2쇄	2017년 4월 10일
초판 3쇄	2019년 4월 2일

지 은 이	우세관
펴 낸 이	김성배
펴 낸 곳	도서출판 씨아이알
책임편집	박영지
디 자 인	백정수
책임제작	김문갑

등록번호	제2-3285호
등 록 일	2001년 3월 19일
주 소	(04626) 서울특별시 중구 필동로 8길 43
전화번호	02-2275-8603(대표) 팩스번호 02-2265-9394
홈페이지	www.circom.co.kr

ISBN 979-11-5610-280-9 93290

정가 15,000원